大众体育球类运动体能训练理论与方法

王博文 干小华 编著

中国海洋大学出版社
·青岛·

图书在版编目（CIP）数据

大众体育球类运动体能训练理论与方法 / 王博文，干小华编著. — 青岛：中国海洋大学出版社，2021.1
ISBN 978-7-5670-2750-3

Ⅰ.①大… Ⅱ.①王… ②干… Ⅲ.①球类运动—体能—身体训练—高等学校—教材　Ⅳ.①G840.2

中国版本图书馆CIP数据核字（2021）第012407号

大众体育球类运动体能训练理论与方法

DAZHONG TIYU QIULEI YUNDONG TINENG XUNLIAN LILUN YU FANGFA

出版发行	中国海洋大学出版社
社　　址	青岛市香港东路23号　　邮政编码　266071
出版人	杨立敏
网　　址	http://pub.ouc.edu.cn
订购电话	0532-82032573（传真）
责任编辑	王　慧　　　　　　　　电　　话　0532-85901984
电子信箱	shirley_0325@163.com
装帧设计	济南海讯图文有限公司
印　　制	青岛中苑金融安全印刷有限公司
版　　次	2021年1月第1版
印　　次	2021年1月第1次印刷
成品尺寸	185 mm × 260 mm
印　　张	12
字　　数	210千
印　　数	1-1000
定　　价	68.00元

发现印装质量问题，请致电0532-85662208，由印刷厂负责调换。

前　言

体能主要是指人体在适应内外界环境时所表现出来的一种综合适应能力。体能至少包括两个层次的含义：健康体能和竞技体能。健康体能是人们在生活、工作中，通过身体基本活动体现出来的适应能力；而竞技体能则是人们在体育运动和比赛中表现出来的运动竞技能力。

健康体能和竞技体能的主要作用也不尽相同。健康体能的主要作用是确保人们在生活和工作中拥有良好的健康状态；而竞技体能的作用是最大限度地确保人们在体育游戏、比赛中表现出最佳竞技状态，并且创造优异的运动成绩。当前，关于体能训练的研究较多，但针对大众体育球类运动体能训练的相关研究还很缺乏。在此情况下，我们编撰了《大众体育球类运动体能训练理论与方法》这本书，希望能为大众体育球类运动体能训练提供参考和借鉴。

本书共五章。第一章对大众体育球类运动体能训练的相关概念、原则和要求、训练的价值和准备进行了论述；第二章从来源、功能和补充三个方面对大众体育球类运动体能训练的营养基础进行了介绍；第三章对大众体育球类运动的主要技术和体能要求进行了总结；第四章从身体形态训练、身体素质训练和专项运动素质训练三个方面对大众体育球类运动体能训练方法进行了详细阐述；第五章对大众体育球类运动体能恢复与伤病处理进行了介绍。

本书从理论与实践两个方面，通过通俗易懂的语言，系统地对大众体育球类运动体能训练进行了全面、深入的研究，充分将科学性、实用性和实践性相结合，对读者进一步认识、参与和指导体能训练有一定的积极作用。

本书由王博文、干小华共同编著和统稿，具体分工如下。

第一章，第二章，第三章第一节、第四节、第五节，第四章第一节、第三节，第五章由王博文负责。

第三章第二节、第三节、第六节，第四章第二节由干小华负责。

本书在编著过程中参考和借鉴了国内外部分专家的研究成果和观点，在此表示诚挚的感谢！

由于作者水平有限，书中难免有不足之处，恳请专家提出宝贵意见。

王博文　干小华

2020年10月

目 录

第一章 大众体育球类运动体能训练概述 ·· 1
 第一节 大众体育球类运动体能训练的相关概念 ································· 1
 第二节 大众体育球类运动体能训练的原则和要求 ······························ 2
 第三节 大众体育球类运动体能训练的价值 ······································ 7
 第四节 大众体育球类运动体能训练的准备 ······································ 8

第二章 大众体育球类运动体能训练的营养基础 ····································· 14
 第一节 糖类的来源、功能和补充 ·· 14
 第二节 脂肪的来源、功能和补充 ·· 18
 第三节 蛋白质的来源、功能和补充 ·· 19
 第四节 矿物质的来源、功能和补充 ·· 22
 第五节 维生素的来源、功能和补充 ·· 27
 第六节 水的来源、功能和补充 ··· 33

第三章 大众体育球类运动主要技术及体能要求 ···································· 36
 第一节 篮球运动的主要技术及体能要求 ·· 36
 第二节 排球运动的主要技术及体能要求 ·· 44
 第三节 足球运动的主要技术及体能要求 ·· 58
 第四节 乒乓球运动的主要技术及体能要求 ····································· 74
 第五节 羽毛球运动的主要技术及体能要求 ····································· 83
 第六节 网球运动的主要技术及体能要求 ·· 93

第四章　大众体育球类运动体能训练方法 ·················· 101
第一节　身体形态的训练方法 ·················· 101
第二节　身体素质的训练方法 ·················· 117
第三节　专项运动素质的训练方法 ·················· 144

第五章　大众体育球类运动体能恢复与伤病处理 ·················· 165
第一节　大众体育球类运动体能训练疲劳消除 ·················· 165
第二节　大众体育球类运动体能训练伤病处理 ·················· 172

参考文献 ·················· 182

第一章 大众体育球类运动体能训练概述

第一节 大众体育球类运动体能训练的相关概念

一、体能的概念

体能（physical fitness）一词源于美国。在英语语境中，体能一般被用于表达人体对外界环境的适应能力。在欧洲，体能被理解为身体的适应能力或工作的适应能力；在日本则被理解为体力。在国内人们普遍认为，体能主要是指人体在适应内外界环境时所表现出来的一种综合适应能力。

体能应至少包括两个层次的含义：健康体能和竞技体能。健康体能是人们在生活与工作中，通过身体基本活动体现出来的适应能力；而竞技体能则是人们在体育运动和比赛中表现出的运动竞技能力。

健康体能和竞技体能的主要作用也不尽相同。健康体能的主要作用是确保人们在生活和工作中拥有良好的健康状态；而竞技体能的作用是最大限度地确保人们在体育游戏、比赛中表现出最佳竞技状态，并且创造优异的运动成绩。

综合相关文献的多种观点，本书认为：体能是人体对内外界环境的一种综合适应能力，可分为竞技体能和健康体能两个方面。竞技体能又可称为"运动体能"，它是为表现最佳竞技状态、提高运动技术水平和创造优异的运动成绩所必需的各种运动能力的总称。

不同的运动项目和群体对体能有着不同的要求，特别是在专项体能上。本书内容是对大众体育球类运动体能的相关研究，对应的群体是参与大众体育球类运动的运动员，研究的专项体能类型是球类运动的体能。

二、体能训练的概念

通过对国内外相关文献的查阅、分析,我们总结出对体能训练的理解主要包括以下三个方面。

第一,体能训练是在运动生理、运动心理、运动生化、运动医学等有关科学理论的指导下,所进行的提高人体对运动训练负荷、提高对比赛的适应能力的训练。

第二,体能训练是运用各种运动项目的理论、技能知识所进行的专项技术、战术训练。

第三,体能训练是利用营养学、心理学、管理学的相关原理,使运动员保持最佳竞技运动状态的训练。

综合多方观点,结合现有运动训练学理论,本书认为:体能训练是综合运用各种身体训练手段,结合生理学、心理学、保健学、营养学及管理学等学科知识,全面改善运动员的身体形态、提高身体机能水平和发展运动素质,以提高运动员对训练负荷和对比赛的适应能力的训练过程。

通过体能训练的概念,我们可知大众体育球类运动体能训练是在大众体育球类运动中,综合运用各种身体训练手段,结合生理学、心理学、保健学、营养学及管理学等学科知识,全面改善运动员的身体形态,提高人体机能水平和发展运动素质,以提高运动员对球类运动训练负荷和对比赛的适应能力的综合训练过程。

第二节 大众体育球类运动体能训练的原则和要求

一、大众体育球类运动体能训练的原则

(一)健康第一原则

大众体育球类运动的参与者具有运动员和群众两种身份,因此,在进行体能训练时一定要考虑到其和职业运动员的区别,要有的放矢地进行体能训练,要坚持健康第一原则,以便和职业运动员的体能训练区分开来。

健康第一原则是大众体育球类运动体能训练首先要贯彻的原则,在训练中制订训练计划不能偏离让运动员获得健康、提升体质的目标。

在训练过程中既要使训练内容符合球类运动的客观要求,又要注意训练量和强度

的控制，使训练在确保运动员获得健康体质的前提下，达成体能训练的其他目标，为运动员参与大众体育球类运动打下良好的体能基础。

（二）专项发展原则

专项发展原则是大众体育球类运动体能训练在一般性训练的基础上，一定要依照各球类运动项目的技术、战术和专项需求，充分发展专项所需的运动素质，为运动员更快地创造优异的运动成绩打下良好的基础。

第一，大众体育球类运动体能训练的目标除强身健体外，还包括创造优异的专项成绩、提高竞技水平，因此，大众体育球类运动体能训练必须服从所属球类运动专项要求。

第二，专项训练是运动训练的重要内容之一，大众体育球类运动体能训练可以为专项技术提供坚实的体能基础。稳定的、先进的专项技术是发挥训练水平的重要保障，所以，大众体育球类运动体能训练要和专项技术密切结合。

第三，结合专项训练进行大众体育球类运动体能训练，能使运动员在身体形态、机能、运动能力等方面符合该项目的专项要求，这样更加有利于专项素质的提升。

第四，许多运动项目"高、精、尖"的发展趋势也迫使大众体育球类运动体能训练必须结合专项训练进行。

（三）差异训练原则

差异训练原则是指在大众体育球类运动体能训练的安排上，要从时间、地点及训练的不同对象出发，按照个人特点和比赛要求，结合具体的训练条件等实际情况，灵活地进行体能训练的安排。

差异训练原则要求大众体育球类运动体能训练一定要坚持目的性，要围绕提升比赛状态、创造优异的运动成绩这个最终目标进行训练安排。

应该注意的是，一定要根据运动员的主观、客观条件以及具体的训练需要，科学、合理地确定体能训练的负荷及内容。此外，还要兼顾运动员的多方面体能要求，综合训练，确保达到运动素质的全面、均衡发展。

（四）系统安排原则

所谓系统安排原则，是指运动员自从事大众体育球类运动体能训练开始，直到训练终结这一过程中，都要按照体能训练的客观规律，科学合理地、持续不断地进行系统训练。

贯彻系统安排原则，首先要对大众体育球类运动体能训练的整个训练过程进行系统安排，其次要求训练的不同发展阶段，从内容、负荷等方面也要做出灵活调整，尤其是运动员最初进行训练时更应贯彻此原则。

在运动员刚刚参加体能训练时，应采取积极、有效的训练手段，最大限度地挖掘运动员的运动潜能，促进其体能得到充分提升，为其后能获得良好的运动成绩做好准备。而当获得优异的运动成绩后，运动员的身体形态、机能的提升相对稳定，运动能力也处于高水平状态，训练的焦点是在保持现有运动成绩的前提下，进一步提升其体能水平。

（五）全面发展原则

全面发展原则是指在发展球类运动专项体能以外，对运动员的各项体能素质进行充分训练，使其体能素质全面发展，最终促进其体质、竞技水平和运动成绩的提高。

相关研究表明，运动员各项体能素质是相互影响和制约的，因此要想取得优异的运动成绩，最好的办法是促进运动员各项体能素质的全面发展。

体能素质的全面发展有利于运动技能的转移，只有运动员拥有良好的运动素质，才能使运动技术的转移和提升成为可能，才能确保各项技术的合理运用。

在大众体育球类运动体能训练中应用全面发展原则，还能减少专项训练带来的枯燥，避免运动员出现厌烦情绪，并能有效提高运动员的训练乐趣，最终促进训练目标的达成。

二、大众体育球类运动体能训练的要求

（一）耐力素质是根本

耐力素质是确保发挥正常竞技水平的前提，任何球类运动项目都要求运动员具有一定的耐力素质，应将耐力素质训练作为训练中一项重要内容进行安排。而类似足球、网球等对耐力素质要求极高的球类运动项目，发展耐力素质就更加不可避免。进行耐力训练时，主要应从以下几个方面着手。

1. 提高呼吸效率

人体对更多氧的摄取是通过加快呼吸频率和加深呼吸深度来实现的，在耐力训练中应专门进行呼吸节奏与动作节奏相协调的训练，着重进行以加深呼吸深度为主的摄

氧能力训练，以提高呼吸效率和深度，节省能量消耗。

2. 提高有氧能力

提升耐力素质非常重要的途径就是提高有氧能力，有氧能力是耐力运动的基础，只有在球类运动中具备很强的有氧能力，才能建立起体能优势，并且保证技术、战术实施的质量，为发挥出正常的竞技水平保驾护航。

3. 满足专项要求

不同运动项目对耐力的要求也不尽相同，因此，耐力训练的内容、负荷也要区别安排。对于足球项目，其特点是持续时间长、负荷强度相对小，要以进行有氧耐力的训练为主；而对于篮球项目，其短时间负荷要求相对大，因此要以无氧耐力和有氧耐力相结合的训练安排为主。

（二）力量素质是关键

球类运动不能离开肌肉运动，需要较好的力量素质。力量素质不仅影响其他运动素质的发展，而且对良好运动成绩的获得起着非常重要的主导作用。可以说，力量素质是大众体育球类运动的关键影响因素，是运动员各项运动素质训练的首要内容。

因此，在大众体育球类运动体能训练中，应始终将力量素质训练作为最重要的核心内容。在进行力量素质训练时，应从以下几个方面着手。

1. 积极发展专项力量

球类运动力量素质训练，要根据运动项目的特点，积极发展专项所要求的力量素质，如排球力量素质训练应注重最大力量和爆发力的训练，篮球力量素质训练应注重快速力量和爆发力的训练，足球力量训练要注重力量耐力的训练。积极结合专项进行力量素质训练，更利于提升训练水平和创造优异的运动成绩。

2. 全面发展力量素质

在球类运动力量素质训练中，应注意选择科学的训练方法，不仅要对大肌肉群进行训练，还要注重小肌肉群的训练，使运动员身体各部分肌肉得到全面发展，为竞技水平的提高和创造优异的运动成绩打下良好的基础。另外，球类运动力量素质训练还要注意系统安排，长期地、系统地训练才能达到事半功倍的训练效果。

（三）速度素质是重点

速度是运动员参与体育运动的重要素质之一，对球类运动而言速度素质尤为重要。无论是"大球"还是"小球"运动，运动员都需要获得尽可能高的速度水平，以确保在竞技比赛中的优势，如乒乓球运动需要反应速度和移动速度，篮球运动需要位移速度和运球速度，排球运动需要扣球速度和拦网速度。

因此，速度素质是球类运动体能训练的重点之一，提高速度素质对大众体育球类运动体能训练意义重大。在进行速度素质训练时，应从以下几个方面着手。

1. 科学合理地安排训练负荷

速度对运动员的神经系统、运动系统的要求很高，刺激强度较大。因此，为确保训练的质量，要尽可能在运动员体能充沛、兴奋度强的时间进行训练，并且要严格控制好训练量与强度的关系、训练与间歇的关系，以更为有效地防止运动损伤的发生。

2. 多种运动素质共同发展

速度受多种运动素质的影响，是综合运动能力的体现。因此，在进行速度素质训练时，要注意对多种运动能力的全面培养，如力量、耐力、爆发力、灵敏性、心理素质，只有这样才能为速度素质的提高做好充分准备。

3. 结合运动专项进行训练

非专项动作训练所获得的速度难以向专项转移，因此在速度素质训练中，必须根据专项的不同动作特点，采取专门性的手段进行训练。如乒乓球速度素质训练应侧重选择反应速度和移动速度的动作进行训练，篮球速度素质训练应选择加速能力和起跳速度的动作进行训练，排球速度素质训练更应注重选择动作速度的动作进行训练。只有选择专项动作进行速度素质训练，才能最终获得各专项需要的速度素质，才能取得良好的训练成果。

（四）灵敏素质是保障

灵敏素质是球类运动中一项非常重要的素质，是运动员快速、准确、流畅地完成各种运动技术的基本前提。灵敏素质在一定程度上决定着运动员的运动能力和竞技水平。因此，灵敏素质的训练也是大众体育球类运动体能训练的一项不可或缺的内容。在进行灵敏素质的训练时，应从以下几个方面着手。

1. 结合不同年龄特点

灵敏素质是人体综合能力的外在体现，受多种因素影响，如年龄。运动员的年龄有差异，年龄越小，其接受灵敏素质训练的效果越好，因此，在大众体育球类运动体能训练的灵敏素质训练中，应对年龄小的运动员有所侧重。

2. 合理选择训练时间

灵敏素质训练对运动员的神经系统要求很高，因此，训练的持续时间不能太长，特别是不适合放在大强度的训练安排之后，一定要确保运动员有充足的恢复时间，否则容易造成运动疲劳，甚至影响训练安排的实施，难以达成训练目标。

3. 选择科学的训练方法

在大众体育球类运动灵敏素质训练中，应采用灵活多样的训练方法，注意训练内容的趣味性和实用性，以确保运动员在保持较高兴奋度的基础上，完成所要求的训练内容。

第三节　大众体育球类运动体能训练的价值

一、球类运动体能训练对提升健康水平的价值

球类运动对运动员的体质有一定的要求，要想参加各项球类运动，就必须拥有良好的身体素质，而身体素质的提高对提高生活质量也具有重要意义。

球类运动体能训练能有效提高运动员人体功能水平，并对增强肌肉力量和运动能力有重要作用。体能训练使运动员的身体形态、器官机能和运动能力得到明显改善，并且会培养运动员良好的意志，促使运动员不断增强体质，提升自身的健康水平。

二、球类运动体能训练对提高身体素质的价值

参加球类运动体能训练能全面发展运动员的力量、耐力、速度、柔韧性、灵敏度等基本运动素质，还能进一步发展运动员的运动能力，发展运动员的各项身体素质。

运动员通过球类运动体能训练，能够有效地发展自身的力量素质，提高速度素质、耐力素质、柔韧素质，并能获得良好的灵敏性和协调性。运动素质是身体素质的重要组成部分，运动素质的发展使运动员的身体素质得到极大的提高。

三、球类运动体能训练对避免伤病的价值

体能训练对运动员身体机能水平等方面的影响很大。通过体能训练，运动员的身体形态、机能会产生翻天覆地的变化，体质会显著提高，这对增强运动员对疾病的抵抗能力、防止疾病的发生具有重要的现实意义。

四、球类运动体能训练对培养意志的价值

球类运动体能训练是一个长期的过程，运动员在训练过程中除伴随着体力消耗外，还要克服生理惰性，忍受训练给身体带来的疲劳、痛苦。长期的训练可以有效地培养运动员吃苦耐劳、坚韧不拔的意志，培养运动员战胜各种困难的心理素质。

良好的心理素质和意志有助于优异的运动成绩的获得。在比赛中，心理稳定程度关系着比赛的成败。强大的体能会给运动员带来充沛的体力和旺盛的精力，进而使运动员在竞技比赛中充满信心。如果体能不好，就会使运动员在比赛中稳定性不佳，从而影响运动员的心理，使其蒙上阴影。因此，体能训练能让运动员形成稳定的心理状态，并培养其形成良好的意志。

五、球类运动体能训练对提高比赛成绩的价值

与竞技体育比赛一样，在大众体育球类运动的各项体育比赛中也充满了竞争。运动员要想获得优异的比赛成绩，就必须拥有良好的竞技状态，而竞技状态的获得和体能水平密不可分。只有拥有良好的体能才能确保稳定的竞技状态，才能在激烈的比赛中获得优异的竞技比赛成绩。

高负荷的长期系统训练已经成为大众体育球类运动体能训练的主要特点之一。只有坚持大强度的长期体能训练，才能充分开发运动员的潜能，使运动员在比赛中较好地发挥水平，为获得良好的比赛成绩打下牢固的基础。

第四节　大众体育球类运动体能训练的准备

一、体能训练准备活动的作用

准备活动又被称为"热身运动"，是指运动员在参与训练或比赛前，为克服人体的生理惰性，避免或减少运动损失而进行的一系列有目的的身体练习。

准备活动是多种身体练习的结合。其实质是在训练或比赛前，先以较小的运动量进行身体各部位活动，为参与更强的运动强度做好准备，避免因剧烈运动造成的意外损伤。

准备活动是参与运动训练和比赛的前提。球类运动体能训练前的准备活动是科学训练不可或缺的部分，它的主要作用体现在以下几个方面。

(一)降低肌肉黏滞性,预防运动损伤

现代体育运动理论已经证实,人体肌肉具有一定的黏滞性,如果在参与大强度训练或比赛前,没有采取措施改变这种黏滞状态,非常有可能造成不必要的运动损伤。

在进行球类运动体能训练前安排准备活动,可增强肌肉温度,减小肌肉与韧带的黏滞性(减少阻力),增强弹性和伸展性,并促进关节囊分泌更多的滑液,减少关节的摩擦力,加大关节的灵活度,从而加大关节的运动幅度,提高人体的运动能力,有效降低因大负荷训练、比赛造成运动损伤的概率。

准备活动的运动量和强度虽然较小,但对发展运动员的力量、速度、耐力、灵敏性和柔韧性等运动素质,改善人体的身体形态,促进运动员各项运动能力的提高也具有一定的作用。

(二)调节与提高训练心理状态

研究表明,心理状态对运动训练有重要影响。在训练前进行准备活动,不但能够让运动员找到训练感觉,而且对于运动员获得良好的训练心理状态有着非常现实的价值。

准备活动能提高中枢神经系统的灵活性和兴奋性,从而有效改善人体新陈代谢水平,确保肌肉在运动中的营养供应,使人体的运动能力显著提高,为体能训练做好充足准备。

运动员参与体能训练前,虽未开始训练,但因为条件反射,身体各器官也会调整到训练前的状态。但是,训练前大脑皮层的兴奋性太高或太低都会对体能训练产生不利的影响,这就更加需要通过准备活动来消除训练前的过度紧张或消极状态,从而为体能训练做好心理准备,保证训练任务的顺利完成。

(三)提升人体器官机能

人体是由各器官、系统协调配合构成的统一整体。当人体进行大强度运动时,需要人体各器官、系统的全力支持。如果在运动前没有做必要的准备活动,就会造成肌肉组织在较短时间内发挥较大的工作效率,而内脏则要更长的时间才能发挥相应的工作效能的矛盾。

这种人体具有的生理惰性会造成在运动之初器官不能达到理想的最佳状态,甚至会导致器官因不适应运动强度而产生不舒适感，如出现恶心、呕吐甚至休克等情况。

因此，运动员在开始大负荷体能训练前，进行充足的准备活动，能够在正式运动训练前预先调动内脏的机能，从而使内脏在训练开始就达到相应的水平，有效缓解因生理惰性产生的多种不良反应，进而促进体能训练目标的达成，并使训练效果最大化。

二、球类运动体能训练前准备活动的分类

准备活动要根据球类运动体能训练的不同需求，结合运动员的特点来安排。选择的准备活动内容应涵盖身体的各主要部分，以全面动员人体进入训练状态。

准备活动的组织可选择集体或分组形式进行，多采用固定位置和行进间结合的方式。准备活动的内容既要包含人体的基本运动能力，又要包括与球类运动体能训练密切相关的内容。总的来说，球类运动体能训练准备活动的内容主要包括以下几类。

（一）一般性准备活动

一般性准备活动是相对于专门性准备活动而形成的概念，是指那些从让运动员全面热身的角度出发，根据人体参与运动的不同部位，结合运动员的生理、心理特点安排的热身活动。

一般性准备活动的主要内容，既有提高人体基本活动能力的走、跑等练习，又有提高人体灵活性的伸展练习。

（二）趣味性准备活动

趣味性准备活动是以运动员的运动兴趣为出发点，以能调动运动员兴趣的练习为主要内容的准备活动。

趣味性准备活动多以游戏练习、循环练习、模拟练习的形式进行。这种准备活动在体能训练前经常运用，其热身效果良好，能极大地调动运动员的体能训练的积极性，并能创造活跃的训练氛围，有效提高训练的质量。

但在运用趣味性准备活动时，要注意控制准备活动的负荷，确保准备活动的有效性。

（三）节奏性准备活动

节奏性准备活动指在准备活动中，选择在音频伴奏的情况下进行各种身体练习来作为准备活动的内容。

节奏性准备活动包括健美操、舞蹈操、韵律操、自编操等。节奏性准备活动深受运动员的喜爱，不但能达到很好的热身效果，发展运动员的多项运动素质，而且能让运动员在准备活动中陶冶情操，领悟体育美的真谛。

（四）模拟性准备活动

模拟性准备活动是运动员在参与体能训练之前，为充分调动人体的运动能力，使自身处于最佳身体状态，以便在训练中达到既定的训练目标而进行的模仿性身体练习。

模拟性准备活动主要包括动作模拟、技术模拟、战术模拟等。模拟性准备活动在运动训练中的运用比较普遍，其负荷大小因运动项目和个体体能情况的不同而也应不同。

（五）意念性准备活动

意念性准备活动是通过自我意识的技术、战术预演而进行运动训练前预热的准备活动形式。

意念性准备活动可以使运动员的身心得到充分调动，为接下来的体能训练做好相应的准备，如在体能训练之前，对即将进行的训练动作进行想象、自我暗示等。

意念性准备活动能加深运动员对动作技术的理解，并且能促进运动系统的协调运作，节省体力支出，有效防止运动损伤的发生，特别适合运动技术复杂、难度大又易导致运动损伤的项目。

（六）专门性准备活动

专门性准备活动是为了掌握或熟练某项运动技术，根据运动员实际情况所进行的专门性身体练习。

专门性准备活动的实用性很强，如篮球训练中的三步上篮技术，要求运动员拥有良好的力量素质和速度素质，在体能训练中必须进行一定量的下肢及腰腹力量训练。这就要求在体能训练前进行专门性准备活动，包括蹲跳起、屈腿跳等，这些准备活动都是由动作技术的需要来确定的，同时也要依据运动员的承受能力合理安排负荷。

三、球类运动体能训练前准备活动的原则

准备活动对于球类运动体能训练具有重要的实践价值，关系着训练任务的完成和

训练效果的获得。想要把准备活动做好，就应遵守一定的原则。本书认为至少应该遵循这样五条原则：专项原则、趣味原则、实用原则、教育原则、全面原则。

（一）专项原则

专项原则指在准备活动中，要选择那些符合专项特点并与专项技术密切相关的专门性练习作为准备活动的内容。

例如，在足球专项力量素质训练中，要侧重发展运动员的下肢力量，因此，在训练前的准备活动中，要选择和这一专项素质训练密切相关的练习作为准备活动内容，如快速跑动练习、跳跃练习。

在准备活动中贯彻专项原则，不能只要求与专项相关，还要兼顾全面性，要充分关照到全身各部分的预热，重点突出地使运动员在体能训练前达到最佳身体状态。

（二）趣味原则

趣味原则要求选择能够激发运动员的训练兴趣的身体练习作为准备活动的内容，以最大限度地调动运动员训练的积极性，使运动员达到身体和心理的双重预热。

如在准备活动中选择游戏、健美操等作为热身活动内容，可以使运动员的兴奋性显著提高，并迅速克服人体的生理惰性，为体能训练做好准备。

但应该注意，大众体育球类运动体能训练的强度相对较大，因此，在贯彻此原则时，选择的准备活动内容不宜过多，否则容易使运动员精力涣散，对体能训练产生负面影响。

（三）实用原则

体能训练的准备活动最为重要的原则就是实用原则。实用原则要求在进行准备活动时，应选择那些真正有热身价值的身体练习作为活动内容。

准备活动内容的选择不能流于表面，而应选择那些有实用性、能充分调动运动员的身体机能、使运动员得到全面热身的身体练习，以便为接下来的体能训练做好准备。

在准备活动中，应通过各种途径调动运动员热身的积极性、自主性，让运动员在准备活动中既能全面热身，又能在一定程度上培养自我训练能力。

（四）教育原则

教育原则指通过准备活动，既要让运动员达到练前预热的目的，又要通过准备活动教育运动员，使其思想品质得到一定的提高。

贯彻教育原则并没有固定的形式，只要能在不影响热身效果的前提下，让运动员得到教育的练习方法都是可以选择的。

在准备活动中，应多从思想教育上下功夫，促使运动员克服体能训练的困难，使其能积极、主动地进行运动训练，并通过不断地克服困难，养成坚韧不拔的意志，为接下来的训练进程打下坚实基础。

（五）全面原则

全面原则指准备活动内容的选择必须考虑到运动员力量、速度、耐力等运动素质的全面发展。

全面原则要求准备活动的身体练习必须兼顾身体的各个部分，必须兼顾身体到心理的各个层面，一定要全面地让运动员在训练前得到充分预热。

准备活动还要考虑运动员不同的体能特点，全面、系统地为完成体能训练目标做好准备。在进行准备活动时，应该将讲解、示范与练习有机结合，选择合适的运动负荷，保持准备活动的流畅性，确保达到最佳的热身效果。

第二章　大众体育球类运动体能训练的营养基础

现代科学研究认为人体需要六大营养物质，即糖类、蛋白质、脂肪、维生素、矿物质和水。这些营养物质是大众体育球类运动体能训练的营养基础和保障。了解和掌握各种营养物质的补充方法和消耗过程，对球类运动体能训练目标的达成和运动员竞技水平的提升具有重要价值。

第一节　糖类的来源、功能和补充

糖类又被称为"碳水化合物"，其最主要的来源是食物所含的淀粉。淀粉是葡萄糖通过糖苷键连接而成的大分子，因此能为人体活动提供必需的能量储备。依据现有理论，糖类被分为单糖（有葡萄糖、半乳糖等）、双糖（有蔗糖、乳糖、麦芽糖等）及多糖（有糖原、淀粉、纤维素、果胶等）三类。糖类经消化、吸收后可以合成肝糖原和肌糖原，并储存在人体中，为人体运动提供能量支持。

一、糖类的来源与功能

（一）糖类的主要来源

糖类在食物中的含量较高，它的主要来源是粮食中所含的淀粉；此外，水果中糖的含量也较多。

1. 粮食

粮食中含有丰富的糖。含糖量高的粮食有糙米、大米、小麦、小米、紫米、大麦、黑米、薏米、高粱、红豆、燕麦等。

2. 蔬菜

蔬菜中也含有糖，含糖量较多的蔬菜有芋头、土豆、洋葱、胡萝卜等。

3. 干果

干果中的糖含量也很丰富，含糖量较高的干果有葡萄干、杏干、红枣、柿饼等。

4. 水果

水果是含糖量高的食物，含糖量高的水果有桂圆、香蕉、荔枝、橘子、葡萄、桃子、梨子、苹果、柚子、草莓等。

（二）糖类的功能

1. 构成人体的组成成分

人体所有的细胞核中都有糖类的化合物，糖类还是结缔组织的组成成分。决定生物遗传与蛋白质生物合成功能的脱氧核糖核酸、核糖核酸，其分子中都有五碳糖。可见，糖类是人体不可或缺的重要组成成分，是人体的物质基础之一。

2. 保证正常生理活动

运动员进行体能训练后，随着训练的进行，血糖会持续减少，血糖低于一定水平，就会影响神经、肌肉的正常功能，若降低得过快，还会导致昏迷，甚至威胁到生命。

科学研究表明，人体的正常活动离不开糖原和葡萄糖的能量供给。因为人体内只能储存很少量的营养物质，所以只能由葡萄糖和糖原进行能量供给，而血液中的糖类是运动系统能量的重要来源，因此，糖类对人体保持正常生理活动水平意义重大。

3. 供给运动训练能量

人体运动和训练所必需的重要能源物质就是糖类，它能及时提供人体运动所需要的能量，是人体最经济的能量来源。

与脂肪和蛋白质的氧化供能相比，糖类在参与有氧代谢供能时的供能率非常高，并且糖类供能还不受供氧条件的限制。例如，糖原在供能时不受人体供氧条件的限制和影响，能在人体运动训练时快速氧化并供给能量，是人体运动时极佳的供能途径之一。

4. 促进肝脏解毒

糖原储备充足时，肝脏对化学毒物的解毒能力较强。

5. 节约蛋白质

当人体内糖类供给充足时，蛋白质可以避免被作为能源消耗。当糖类缺乏时，就要动用体内蛋白质。

6. 抗生酮作用

人体缺乏糖类时，脂肪就会因氧化不完全而形成酮体，酮体超过一定量就会引起人体酸中毒，所以，想要提高脂肪的氧化效率，避免产生过量的酮体，就必须补充足够的糖类。

二、体能训练中糖类的消耗

糖类是大众体育球类运动体能训练中能量的主要供给源，它在体能训练中的利用程度，直接影响着体能训练目标的达成。糖类的消耗和补充，在一定程度上决定着体能训练计划的实施，影响着体能训练成果的取得。

在大众体育球类运动体能训练实践过程中，糖类供能必不可少。糖类在供能过程中，分解耗氧量少，代谢的产物主要是水和二氧化碳，对人体无害，还很容易被排出体外，因此不会对人体产生副作用，是体能训练最佳的能源物质。

但应该注意的是，如果糖类的消耗过大，又没有得到及时补充，就会导致人体内糖类储存不足。运动量过大甚至会造成糖原枯竭，不但难以完成体能的训练任务，甚至会对运动员的身体产生负面影响。

三、体能训练中糖类的补充

（一）补充糖类的意义

在大众体育球类运动体能训练过程中进行科学的糖类补充，具有非常重要的现实意义，具体表现在以下几个方面。

1. 提升训练水平

糖类的有效补充对体能训练目标的实现、目的的达成都具有非常重要的价值。在进行大众体育球类运动体能训练过程中进行糖类的补充，不仅能够使人体内糖代谢环境得到明显改善，保持训练中血糖含量和维持较高的糖氧化速度，还能节约肝糖原，降低蛋白质的消耗量，进而提高体能训练水平。

2. 维持免疫功能

免疫功能是人体抵御伤病的重要手段。在体能训练中，科学、合理地进行糖类补充，有助于维持人体的正常的血糖浓度，降低应激激素水平，进而维持人体免疫系统的正常运行。正常的免疫功能对体能训练中伤病的减少也具有一定的预防作用。

3. 减缓人体疲劳

糖原储备能够提升抗疲劳能力。体能训练前进行必要的糖类补充，可以增加肌糖原、肝糖原的储备量，使血糖量的稳定维持在一定水平，对保障速度素质、力量素质和耐力素质训练的顺利进行，都具有非常重要的价值。

在大负荷体能训练过程中进行糖类补充，还能够延缓和减少中枢性疲劳，对体能训练中疲劳的产生也有一定的抵制效果。

4. 促进体能恢复

在体能训练后，进行合理的糖类补充，对人体内肝糖原和肌糖原的合成和存储、对人体疲劳的及时消除和体能的有效恢复等方面均具有重要意义。但糖类补充的量要加以控制，不能毫无科学依据地随意补糖。

（二）糖类的补充方法

1. 训练前补糖

根据不同的训练需要，训练前补糖主要有两种补糖方法。

第一种补糖方法是在大负荷体能训练前数日，将食物中碳水化合物占总能量比增加到60%~65%（或10克/千克体重）。

第二种补糖方法是在训练前1~3小时补糖1~5克/千克体重，选择固体糖或液体糖均可，但在训练前1小时左右补糖，最好选择补充液体糖。

2. 训练中补糖

在训练中补糖，应坚持少量多次，一般每隔30~60分钟补充一次，补糖量维持在3~5克/千克体重，并且最好补充液体糖。

3. 训练后补糖

训练后糖的补充，越快效果越好。补糖最好在训练后即刻或2小时内进行，补糖量0.7~1.0克/千克体重。24小时以内的补糖总量应达到10~12克/千克体重。

（三）糖类的补充量

糖类的补充量与消耗量的量度，应根据具体的体能训练的强度来确定。体能训练的强度越大、持续时间越长，糖类的补充量就越大。按照正常情况来说，糖类应占每日能量补给量的50%~70%。

人体内糖类储备量并不多,所以应该每日从食物中及时摄入。应避免摄入过多糖类,因为如果摄取糖类过多,对身体有也会产生不利影响,如容易引发肥胖、糖尿病、心脑血管疾病,此外,还会直接影响体能训练的进行,让训练目标难以达成。

第二节 脂肪的来源、功能和补充

脂肪是人体的重要组成成分和供能物质之一。科学研究表明,脂肪由碳、氢、氧三种元素构成。

一、脂肪的来源与功能

(一)脂肪的主要来源

脂肪的来源很多,但主要来自动物性食物,如猪肉、牛肉、羊肉中的脂肪,禽类、水产品的脂肪。脂肪也能在植物性食物中获得,蔬菜、干果中均含有一定量的脂肪。

1. 肉类

肉类中含有丰富的脂肪,含脂肪较多的肉类有猪肉、羊肉、鸭肉等。

2. 粮食

粮食中也有一定量的脂肪,含有脂肪较多的粮食有黄豆、黑豆等。

3. 干果

干果中含有的脂肪较为丰富,含有脂肪较多的干果有核桃、榛子、葵花子、花生、腰果等。

(二)脂肪的功能

1. 供给运动能量

脂肪是人体在运动训练中能量供给的主要来源之一,具有重要的供能作用,是人体的能量的储备处和动力之源。

2. 保护内脏

脂肪能维持人体的正常温度,保护内脏。脂肪储存在内脏的周围,以脂肪垫的形式减小内脏的间隙,缓冲来自各方的冲击,同时减少内脏间的相互摩擦,最大限度地保护了内脏。

当人体受到外部力量的冲击时，脂肪还能起到缓冲的作用，避免内脏受到来自外部的伤害。

二、体能训练中脂肪的消耗

脂肪的消耗是和体能训练负荷密切相关的，具体可分为三种情况。

第一种情况，当体能训练强度达到25%最大摄氧量时，脂肪消耗会呈上升趋势。

第二种情况，当体能训练强度达到65%最大摄氧量时，脂肪消耗达到峰值。

第三种情况，当体能训练强度超过85%最大摄氧量时，脂肪消耗会逐渐降低。

三、体能训练中脂肪的补充

（一）补充脂肪的意义

脂肪是球类运动体能训练的主要供能物质，因此，科学、合理地补充脂肪对体能训练能量的获得，对耐力、力量、速度等运动素质的提高有重要作用。

（二）脂肪的补充量

在运动训练中，脂肪占人体所需全部能量的15%～25%。在一般情况下，人体每日所需要的脂肪量为45～55克，达到45克就能保证人体的基本需要。所以合理地补充脂肪对正常的生活、工作和体能训练的顺利进行具有重要价值。

第三节 蛋白质的来源、功能和补充

蛋白质是人体不可缺少的组成成分，是生命活动非常重要的物质保障。蛋白质中含有氢、碳、氧、氮元素，也可能含有硫等元素。蛋白质能促进人体组织的更新和修复，并且是维持人体生长的主要材料，在人体中具有不可替代的重要地位。

一、蛋白质的来源与营养功能

（一）蛋白质的主要来源

蛋白质的来源非常广泛，植物性和动物性食物中均含有丰富的蛋白质。动物性蛋白质相对植物性蛋白质来说，被人体吸收、利用的效率更高，而且营养价值也更大。动物性蛋白质中含有人体所必需的氨基酸，大部分是优质的蛋白质。蛋白质在蔬菜、干果、肉类、水产品、粮食等食物中均能获得。

1. 蔬菜

蔬菜中含有一定量的蛋白质，含蛋白质的蔬菜有口蘑、鸡腿菇、毛豆、豌豆、扁豆、西兰花等。

2. 干果

干果中的蛋白质含量较为丰富，蛋白质含量较高的干果有南瓜子、花生、杏仁、葵花子、腰果、核桃、松子、榛子、板栗等。

3. 肉类

肉类中含有的蛋白质较多，蛋白质含量较高的肉类有羊肉、牛肉、驴肉、鹿肉、兔肉、猪肉、鸡肉、鸭肉等。

4. 水产品

水产品中也含有蛋白质，含蛋白质较多的水产品有三文鱼、武昌鱼、鳕鱼、青鱼、鳜鱼、鳗鱼、虾、鲈鱼、罗非鱼、鳝鱼、鲫鱼等。

5. 粮食

粮食中含有的蛋白质也较多，含蛋白质较多的粮食有黑豆、黄豆、绿豆、红豆、燕麦、小麦等。

（二）蛋白质的功能

1. 参与供能

当糖类和脂肪摄入不足时，蛋白质会参与供能。在代谢中，蛋白质可氧化分解释放出能量，虽然供能的量并不大，但蛋白质供能是为人体提供运动能量的一条途径。

2. 建构人体组织

蛋白质是人体内细胞组织的重要组成成分，是功能物质的主要构成基础。人体内的肌肉、血液、皮肤等均由蛋白质参与组成的。此外，蛋白质对人体组织的新陈代谢、对运动损伤的恢复都具有积极的作用。

3. 参与构建免疫系统

免疫球蛋白是一类重要的免疫分子，是一种具有抗体活性或化学结构与抗体相似的球蛋白，而免疫球蛋白的主要组成成分就是蛋白质，因此，蛋白质是人体免疫系统不可缺少的物质之一。

4. 调节新陈代谢

蛋白质是合成人体内酶的主要物质。人体的正常生理活动离不开酶的参与，如酶使人所进食的食物得到消化和吸收。血红蛋白、肌动蛋白、肌球蛋白和胶原蛋白等的构成成分均包含蛋白质，因此，蛋白质对人体的新陈代谢具有重要的调节作用。

5. 维持酸碱均衡

研究表明，酸碱均衡对人体健康有重要意义，酸碱一旦失衡，就会引起身体的不良反应。蛋白质有维持人体内酸碱平衡的作用，并且对维持人体内水分的正常分布也具有重要价值。

6. 供给必需氨基酸

蛋白质是由20多种氨基酸构成的，其中赖氨酸、苏氨酸、甲硫氨酸、色氨酸、异亮氨酸、亮氨酸、苯丙氨酸、缬氨酸8种氨基酸在人体内不能被合成，因此又被称为"必需氨基酸"。人体所需要的这些必需氨基酸的来源均是食物中的蛋白质。

二、体能训练中蛋白质的消耗

在球类运动体能训练中，6%~10%的能量是由蛋白质提供的。如果体内长期缺乏蛋白质，会给人体带来不利影响，如出现免疫力降低、器官机能减退及运动能力下降等。

体能训练时，蛋白质供能比例较小，而且受到运动员体能状况和训练项目特点的影响。人体内糖原越多，蛋白质供能的比例就越小，人体内糖原越少，蛋白质供能比例越大。

第一种情况，在正常状态下，蛋白质供能比例为6%~8%。

第二种情况，当人体内肌糖原储备充足时，蛋白质供能仅占总供能比例的5%左右。

第三种情况，当人体内肌糖原耗竭时，蛋白质供能比例可上升到总供能比例的8%~10%。

三、体能训练中蛋白质的补充

（一）补充蛋白质的意义

第一，在球类运动体能训练中，蛋白质能参与能量代谢，为体能训练提供能量。

第二，蛋白质能促进人体组织细胞再生，加快运动损伤恢复速度，保证训练任务顺利完成。

第三，蛋白质能调节人体机能，使体液平衡，避免因大负荷体能训练引起的体液不平衡。

第四，蛋白质还有加强氨基酸糖异生的作用，能有效保持体能训练中人体的血糖水平。

（二）蛋白质的补充量

运动员在进行球类运动体能训练时，其运动负荷较大，蛋白质的消耗很快，因此应及时补充蛋白质。但蛋白质的补充不宜过多，因为人体并不能吸收利用多余的蛋白质，如果摄入超量，会加重肝、肾等器官的负担，长期摄入超量蛋白质还可能导致肝、肾功能异常。

体能训练时，人体对蛋白质的消耗量很大，一旦体内缺乏蛋白质，就会引起身体的不良反应，因此，应注意及时补充蛋白质，蛋白质的补充量一般为100克／天。

第四节 矿物质的来源、功能和补充

矿物质又被称作"无机盐"，是维持人体正常生理功能所需要的化学元素的总称，不但对人体健康有重要价值，而且对大众体育球类运动体能训练有重要影响。

一、钙

（一）钙的主要来源

钙的来源比较广泛，在乳制品、坚果、肉类、蔬菜、水产品均含有钙元素。

1. 乳制品

乳制品不但含钙量高，而且钙的吸收率较高。乳制品主要有液体乳类、乳粉类、炼乳类、干酪类。

2. 坚果

含钙量较高的坚果有杏仁、核桃、榛子等。

3. 肉类

含有钙的肉类有猪肉、鹌鹑肉、羊肉、牛肉、狗肉、鸽肉、鸡肉、鸭肉、马肉等。

4. 蔬菜

含有钙的蔬菜包括芹菜、蘑菇、油菜等。

5. 水产品

含有钙的水产品包括海螺、虾、紫菜、泥鳅、海参、鲈鱼、牡蛎、海蜇、鳙鱼、鲫鱼等。

（二）钙的功能

钙是人骨、齿的主要无机成分，是神经传递、血液凝固、激素释放、肌肉收缩等的必需元素，参与新陈代谢。人体钙含量过剩或者不足都会影响生长发育和健康。

（三）体能训练中钙的消耗与补充

在球类运动体能训练中，运动员需要承受巨大的训练负荷，这就要求运动员的骨骼必须坚固，而钙有促进人体骨骼密度增加的作用，因此，要科学、合理地及时补充钙。

在球类运动体能训练期间，钙的补充量为1 000~1 200毫克/天。

二、铁

（一）铁的主要来源

铁元素在许多食物中存在，其主要来源包括瘦肉、干果、蔬菜、豆类、动物肝脏等食物。

1. 瘦肉

含有铁的瘦肉有猪瘦肉、牛瘦肉、羊瘦肉等。

2. 干果

含有铁的干果有榛子、腰果、松子、葵花子、核桃、花生等。

3. 蔬菜

含有铁的蔬菜有口蘑、芹菜、菠菜、空心菜、韭菜等。

4. 豆类

含有铁的豆类有黄豆、红豆、黑豆等。

5. 动物肝脏

动物肝脏中含铁较多，是预防缺铁性贫血的食品。

（二）铁的功能

铁对人体有着至关重要的作用，是血红蛋白的组成成分，血红蛋白运输氧和二氧化碳，对人体非常重要。人体一旦缺乏铁，就会导致血液的运氧能力下降，甚至出现缺铁性贫血，出现四肢无力等症状，严重影响人体健康。

（三）体能训练中铁的消耗与补充

体能训练会导致体内铁的代谢速度加快，并有可能导致人体对铁元素的吸收效率下降，引起贫血。在球类运动体能训练中，人体对铁的需求量增大，一旦体内铁缺乏，就会引起身体不适，甚至影响体能训练的顺利进行，因此更应该注意及时补铁。

在球类运动体能训练期间，应科学、合理地及时补铁，铁的补充量一般为20毫克/天。

三、锌

（一）锌的主要来源

锌元素的主要来源是干果、肉类、蔬菜、动物肝脏、水产品等。

1. 干果

含有锌的干果有松子、腰果、南瓜子、花生、核桃、榛子等。

2. 肉类

含有锌的肉类有羊肉、猪肉、鸡肉等。

3. 蔬菜

含有锌的蔬菜有菠菜、芹菜等。

4. 动物肝脏

动物肝脏含锌较丰富，可用作补锌的食品。

5. 水产品

含有锌的水产品有牡蛎、鲈鱼、泥鳅、海螺、虾、甲鱼、紫菜、鲤鱼、鲫鱼、三文鱼等。

（二）锌的功能

锌具有调节神经系统功能的作用，并且对脑细胞生长有重要影响。一旦人体缺乏锌，就会导致各种不良反应，如情绪稳定性下降、多疑。

锌元素还是胸腺发育的营养素，是人体不可或缺的重要元素之一，对促进人体生长发育、增强免疫力、加快伤口愈合、维生素A代谢等有重要作用。

（三）体能训练中锌的消耗与补充

锌在球类运动体能训练中有着重要的作用。锌能提高抗氧化酶和碳酸酐酶的活性，促进睾酮的合成，并能及时清除过多的氧自由基，提高红细胞的数量和血红蛋白的含量，加强人体对氧和二氧化碳的运输能力，从而提高训练水平。运动员缺乏锌，就会出现反应变慢等情况，影响体能训练顺利进行。

在体能训练中，运动员应保持体内锌含量稳定，每日合理地食用含锌食物，补充锌的总量约为20毫克/天。

四、钾

（一）钾的主要来源

钾元素的来源非常广泛，在干果、水产品、粮食、蔬菜、肉类中均有丰富的钾。

1. 干果

含有钾的干果有杏仁、榛子、花生、葵花子、核桃、腰果、松子、南瓜子等。

2. 水产品

含有钾的水产品有紫菜、虾、三文鱼、秋刀鱼、鲤鱼、海蜇、青鱼、鳕鱼、草鱼等。

3. 粮食

含有钾的粮食有黄豆、黑豆、红豆、绿豆、小麦、小米、黑米、玉米、薏米等。

4. 蔬菜

含有钾的蔬菜有竹笋、土豆、菠菜、蕨菜、香菜、苦瓜、韭菜、空心菜、茼蒿、莴苣、油菜等。

5. 肉类

含有钾的肉类有羊肉、鸡肉、驴肉、兔肉、牛肉、猪肉等。

（二）钾的功能

钾是人体不能缺少的重要矿物质之一。钾以离子的形式贮存于细胞液中，参与细胞内糖类和蛋白质的代谢。钾对维持体内酸碱平衡和渗透压、维持正常的神经兴奋性、保持心率正常具有重要作用。

(三)体能训练中钾的消耗与补充

在球类运动体能训练中,运动员会消耗体内大量的钾。如果出现钾缺乏,运动员就会出现恶心、呕吐、肌肉无力、麻木等症状,甚至会出现心跳过速、心律不齐,危害运动员的身体健康,阻碍体能训练的进行。运动员在体能训练后及时补钾,能加快糖原合成,促进组织细胞更新,迅速从运动疲劳中恢复。

在球类运动体能训练期间,应均衡营养,科学、合理地补充含钾,钾的补充量约为3克／天。

五、镁

(一)镁的主要来源

镁元素的主要来源是蔬菜、干果、水产品、粮食、肉类、水果等食物,其中粮食中的镁含量普遍较高。

1. 蔬菜

含有镁的蔬菜有菠菜、生菜、韭菜、莜麦菜等。

2. 干果

含有镁的干果有榛子、腰果、核桃、松子等。

3. 水产品

含有镁的水产品有海参、紫菜、鲍鱼、蛤蜊、鲑鱼等。

4. 粮食

含有镁的粮食有黑豆、黄豆、燕麦、大麦、红豆、绿豆、小米、玉米等。

5. 肉类

含有镁的肉类有羊肉、牛肉、猪肉、鸡肉等。

6. 水果

含镁较多的水果有香蕉、苹果、梨等。

(二)镁的功能

镁是人体新陈代谢不可或缺的元素之一,是体内多种细胞生化反应的必需物质。镁还参与能量代谢,对肌肉、神经的正常工作及血糖调控都有一定影响。在运动训练中,镁还能维持肌肉、神经的兴奋性,有效激活体内多种酶,对维持人体正常生理活动具有不可估量的重要作用。

（三）体能训练中镁的消耗与补充

高强度体能训练会造成镁元素的大量流失。运动员体内缺乏镁，会出现肌肉无力、肌肉痉挛等症状，最终对正常的体能训练产生负面影响。

运动员在球类运动体能训练期间，应及时补充镁，补镁量约为300毫克/天。

第五节 维生素的来源、功能和补充

维生素是人体内维持正常的生理功能所必需的一类微量有机物质的总称。维生素在人体内不能合成，必须从外界摄取。维生素对人体生理功能的正常运行有重要价值，对体能训练也具有较大影响。维生素的种类很多，主要包括以下几种。

一、维生素A

（一）维生素A的主要来源

维生素A又被称为"视黄醇"，是一类具有视黄醇生物活性的物质。多种食物中含有维生素A，特别是在水果、动物肝脏、蔬菜、水产品和蛋中含量较多。

1. 水果

含有维生素A的水果有杏、桃、枇杷、杧果、橘子等。

2. 动物肝脏

动物肝脏中含有的维生素A较为丰富。

3. 蔬菜

含有维生素A的蔬菜有西兰花、胡萝卜、菠菜、苋菜、生菜等。

4. 水产品

含有维生素A的水产品有带鱼、牡蛎、河蟹、沙丁鱼等。

5. 蛋

蛋（如鸡蛋、鸭蛋）中含有的维生素A较多。

（二）维生素A的功能

1. 促进生长发育

维生素A能够促进身体生长发育，强壮骨骼，增进健康。

2. 保护角膜上皮

维生素A是合成视紫质的原料，还能够保护角膜上皮，防止角质化。

3. 维持免疫系统功能

研究表明，维生素A能维持人体免疫系统的正常运行，进而增加人体对疾病抵抗能力。

4. 保持皮肤组织润滑

维生素A还有促进上皮组织细胞生长的功能，对保持皮肤润滑有一定作用。

（三）体能训练中维生素A的消耗与补充

大众体育球类运动体能训练负荷较大，因此维生素A的消耗速度很快，一般情况下要补充1.5毫克/天。而在那些对视力要求高的项目（如乒乓球、网球）训练中，每天需要补充的维生素A要达到1.8毫克以上，才能确保体能训练的顺利进行。

体内缺乏维生素A，人体会长期处于亚健康状态，甚至引起夜盲症等疾病，所以必须及时补充维生素A。但维生素A的补充应科学、合理，避免因补充过多或过少的维生素A而对身体产生不利影响。

二、维生素B_1

（一）维生素B_1的主要来源

维生素B_1对人体的正常运作十分重要，其来源也非常广泛，在蔬菜、动物内脏、肉类、粮食、水果中均含有丰富的维生素B_1。

1. 蔬菜

含有维生素B_1的蔬菜有金针菇、西兰花、荷兰豆、草菇、土豆、竹笋、豇豆、口蘑、平菇、油菜、菠菜、白菜等。

2. 动物内脏

动物肝脏，如猪心、猪肝、牛肝，含有维生素B_1。

3. 肉类

含有维生素B_1的肉类有猪肉、牛肉、羊肉等。

4. 粮食

含有维生素B_1的粮食有大麦、黄豆、小麦、黑米、小米、燕麦、绿豆、薏米、黑豆、红豆、玉米等。

5. 水果

含有维生素B_1的水果有苹果、梨、橙等。

(二) 维生素B_1的功能

1. 组成必需辅酶

糖代谢中丙酮酸等氧化脱羧的必需辅酶的组成成分包括维生素B_1。

2. 强化神经系统机能

维生素B_1有强化人体神经系统机能的作用。

3. 维持新陈代谢

维生素B_1是辅酶的构成成分之一，对维持人体正常的代谢功能意义重大。

4. 促进肠胃蠕动

维生素B_1还能有效抑制胆碱酯酶的活性，对提高肠胃蠕动频率、促进消化吸收有重要价值。

(三) 体能训练中维生素B_1的消耗与补充

维生素B_1又被称为"硫胺素"，是水溶性维生素，有氧化剂时非常容易被氧化，产生脱氢硫胺素。如果体内维生素B_1缺乏，会直接导致丙酮酸和乳酸堆积，使人体产生疲劳感，进而会引起乳酸脱氢酶的活力下降，降低骨骼肌与心脏的功能水平。

在进行球类运动体能训练时，维生素B_1的补充量为3~5毫克/天。

三、维生素B_2

(一) 维生素B_2的主要来源

维生素B_2又称"核黄素"，是人体必不可少的维生素之一，当维生素B_2缺乏时，会发生新陈代谢障碍。维生素B_2的主要来源是蔬菜、肉类、水果、动物内脏、粮食。

1. 蔬菜

含有维生素B_2的蔬菜有胡萝卜、草菇、金针菇、平菇、西兰花、油菜、菠菜、茼蒿、韭菜、芥蓝、香菇、芹菜、竹笋、口蘑等。

2. 肉类

含有维生素B_2的肉类有鸭肉、牛肉、羊肉、驴肉、猪肉、兔肉、鸡肉等。

3. 水果

含有维生素B_2的水果有榴梿、梨、桑葚、杨梅、番石榴、荔枝、香蕉、西瓜、石榴等。

4. 动物内脏

动物内脏（如猪肝、牛肝）中含有维生素B_2。

5. 粮食

含有维生素B_2的粮食有黑豆、黄豆、薏米、大麦、燕麦、黑米、绿豆、玉米、小米等。

（二）维生素B_2的功能

1. 修复人体组织

研究表明，维生素B_2是修复人体组织的必须物质之一，具有参与细胞的生长、代谢的作用。

2. 维持视觉功能

维生素B_2对维持人的视觉功能有一定作用。

3. 调节肾上腺素

维生素B_2可调节肾上腺素分泌。

4. 防治某些疾病

维生素B_2还用于防治其缺乏所致的口角炎、舌炎、结膜炎、脂溢性皮炎。

（三）体能训练中维生素B_2的消耗与补充

体能训练中会消耗大量的维生素B_2，如果体内维生素B_2不足，会导致运动员在训练中出现肌肉无力、耐力下降等状况。一般人每天正常饮食就可以补充足够的维生素B_2，但在球类运动体能训练期间，一定要及时补充维生素B_2，补充量约为2.5毫克／天。

四、维生素C

（一）维生素C的主要来源

维生素C是人体必不可少的维生素之一。维生素C的主要来源为新鲜蔬菜和水果。

1. 蔬菜

含有维生素C的蔬菜有芥蓝、花菜、黄花菜、苦瓜、莲藕、西兰花、香菜、包菜、油菜、木耳菜、菠菜、白菜等。

2. 水果

含有维生素C的水果有番石榴、猕猴桃、草莓、桂圆、木瓜、荔枝、橙子、柚子、橘子、葡萄等。

（二）维生素C的功能

1. 促进铁的吸收和储备

维生素C能够还原肠道中的三价铁为易于吸收的二价铁。维生素C还可促使转铁蛋白上的铁转移到铁蛋白上，有利于人体内铁的储存。

2. 促进胶原蛋白的合成

胶原蛋白合成过程需要脯氨酸羟化酶与赖氨酸羟化酶催化，维生素C有激活上述羟化酶的作用。

3. 帮助预防口腔疾病

维生素C可以帮助预防一定的口腔疾病。

4. 帮助人体消除疲劳

及时补充维生素C有利于运动员在运动训练后加快消除疲劳，从而提高运动员身体各项机能的恢复速度。

（三）体能训练中维生素C的消耗与补充

大众体育球类运动体能训练，会导致体内维生素C的减少，必须科学、及时地补充维生素C。

在体能训练期间，运动员应根据需要合理补充维生素C，维生素C的补充量约为150毫克／天。

五、维生素E

（一）维生素E的主要来源

维生素E是具有苯并二氢吡喃结构、α-生育酚生物活性的一类物质，是脂溶性维生素，目前已知有四种生育酚和三种生育三烯酚。维生素E的来源比较广泛，水果、干果、肉类、蔬菜、水产品、粮食、植物油中含有维生素E。

1. 水果

含有维生素E的水果有猕猴桃、樱桃、苹果、梨等。

2. 干果

含有维生素E的干果有葵花子、核桃、榛子、松子、西瓜子、南瓜子、腰果等。

3. 肉类

含有维生素E的肉类有猪肉、牛肉等。

4. 蔬菜

含有维生素E的蔬菜有菠菜、空心菜、生菜等。

5. 水产品

含有维生素E的水产品有三文鱼、草鱼、银鱼等。

6. 粮食

含有维生素E的粮食有黄豆、黑豆、红豆、绿豆、小麦等。

7. 植物油

含有维生素E的植物油有豆油、芝麻油、菜籽油、葵花籽油、花生油、核桃油等。

（二）维生素E的功能

1. 抗氧化

维生素E是人体内高效的抗氧化剂，具有重要的抗氧化作用，在延缓人体衰老方面也有积极意义。

2. 与生殖功能有关

临床上常用维生素E防治先兆流产和习惯性流产。

3. 调节血小板的黏附力和聚集作用

维生素E可以抑制磷脂酶A_2的活性，减少血小板血栓素A_2的释放，从而抑制血小板的聚集。

4. 促进蛋白质合成

维生素E还可以促进人体内蛋白质的合成，促进正常的新陈代谢，提高人体的耐力。

（三）体能训练中维生素E的消耗与补充

人体一旦缺少维生素E，会引起人体的生理功能异常，进而导致运动能力下降，所以，一定要科学、合理地及时补充维生素E。

1. 通过食物获取

许多食物中含有维生素E，在正常情况下，人可从食物中直接摄取维生素E，而无须直接补充。

2. 直接服用

在运动员进行高强度训练时,不鼓励其直接补充维生素E,特别不鼓励直接补充大剂量的维生素E。

第六节 水的来源、功能和补充

水对于生命而言是和氧气同样重要的物质。水是人体内一切生理过程、生物化学反应必不可少的介质。

一、水的来源与功能

(一)水的主要来源

水的主要补充来源是食物中所含的水或饮用水。所有食物均含有水,食物中含水比例非常大的主要是蔬菜和水果。除通过摄取正常量的食物补充水外,还可以通过直接饮用水来补水。

1. 蔬菜

蔬菜中含有丰富的水,含水量高的蔬菜包括冬瓜、莜麦菜、油菜、绿豆芽、包菜、韭菜、大葱、西红柿、黄豆芽、扁豆、黄瓜等。

2. 水果

水果中也含有丰富的水,含水量较多的水果有菠萝、柚子、桃子、山竹、西瓜、石榴、梨、苹果、李子、樱桃、葡萄等。

(二)水的功能

1. 调节身体温度

大众体育球类运动体能训练会使人体温度迅速提高,不利于人体健康。而水的比热容非常大,相同质量的水升高1℃所需热量要高于其他常见物质。因此,水在调节因训练而上升的体温、使人体维持正常温度方面有重要作用。

2. 参与代谢

水是人体营养成分运输和代谢的载体,也是各种化学物质在体内反应的介质,水本身也会参与体内氧化、还原、合成、分解等化学反应。因此,水作为代谢的介质和代谢物质是无可替代的,对人体保持正常的系统功能意义重大。

3. 润滑功能

水本身具有黏度小的特点，能够为内脏器官的摩擦部位提供润滑，防止造成损伤。当人剧烈运动时，如果组织、器官缺水，就很容易造成磨损，特别是参与运动的关节、韧带、肌肉等活动部位。水可以作为润滑剂降低这种磨损，还能够让运动系统的运作更加流畅。

此外，保持体内的水平衡，还能使人体表皮保持光亮，呈现出富有弹性的健康状态。运动员在体能训练过程中，需要随时补水，避免运动损伤的发生。

4. 消化功能

消化系统中消化器官分泌的消化液主要是由水构成的。食物进入消化系统后，主要依靠消化液来消化，最终经过小肠的吸收完成消化过程。因此，消化系统的运作离不开水的参与。

二、体能训练中水的消耗

在大众体育球类运动体能训练中，体温会迅速升高，为保持身体温度正常，会产生大量汗液，这种排汗情况是人体平衡温度的正常现象，但也应及时补充水，避免因汗量过大造成的身体不良反应。在一般情况下，成人每日补水量应为2 500毫升左右，这样就可以满足人体的基本需求，但补水的多少也因人而异，补水量主要靠个人掌控。

三、体能训练中水的补充

（一）补充水分的意义

有关科学研究表明，人体失水10%会损害健康，人体失水20%会威胁生命。

运动员在进行体能训练时应及时补水，如果出现脱水会降低人体的运动能力，严重脱水还会影响健康、威胁生命。

运动训练中，当失水速度达到275毫升/小时的脱水阈时，就会引发人体脱水。当进行球类运动体能训练时，人体脱水风险会明显增加，在体能训练前、中、后期进行合理补水，能够维持血浆容量，避免体能训练中心率过快和体温过度升高，从而促进体能训练目标的实现。

（二）补水的方法

1. 训练前补水

体能训练前补水，一般要选择在训练前30分钟左右进行，这时的补水效果最好。

2. 训练中补水

运动员若在体能训练过程中感到失水，也可以少量补水，但补水要坚持"少量多次"，避免因不科学地补水引发的不良反应。

3. 训练后补水

运动员进行大强度的体能训练后，一定要及时补水，补水的量一定要满足人体恢复的需要，尽量补水，促进身体恢复到正常水平。

（三）水的补给量

1. 一般情况下

在一般情况下，正常成年人每天补水量应为2 000~2 500毫升，就能满足人体正常生理需要。

2. 体能训练时

运动前2小时，补水400~600毫升。

运动前20~30分钟，每次补水100~200毫升，分2~4次进行，总补水量在400~800毫升。

运动中补水，每次饮水量一般不超过200毫升，两次饮水至少间隔15分钟。饮水速度要慢，不可过猛，补水总量不应超过800毫升/小时。

第三章　大众体育球类运动主要技术及体能要求

第一节　篮球运动的主要技术及体能要求

一、篮球运动概述

（一）篮球运动的起源

篮球运动起源于1891年，其发明人是美国斯普林菲尔德基督教青年会训练学校的体育教师——詹姆斯·奈史密斯。19世纪末期，马萨诸塞州冬季的寒冷气候成为当地居民参加运动和锻炼的最大障碍，奈史密斯受当地儿童把摘下的桃扔入筐的游戏的启发，将两个用来装桃子的木筐安放在学校体育馆两端的墙壁上，并将18个运动员分为两个队伍展开了投篮游戏，最初使用的比赛用球是足球，哪个队把球装进筐里的次数多哪个队即获胜，之后又经过几十年的发展和创新，这项运动发展为风靡全球的篮球运动。

（二）篮球运动的特点

1. 对抗性

篮球运动具有很强的对抗性，运动员在篮球比赛中，无论是运球过人、扣篮得分还是无球挡拆，都需要进行合理对抗。

2. 集体性

篮球是一项集体运动。在篮球运动中，运动员需要通过集体配合获得比赛的胜利，这种集体性在篮球运动的诸多方面都有体现。

3. 观赏性

篮球运动是极具观赏性的体育项目，在世界上拥有众多的球迷群体，精妙的传球、精准的投篮、精彩的扣篮都给人以赏心悦目的体验。

4. 趣味性

趣味性是篮球运动的又一重要特点,运动员通过在篮球比赛中的相互配合、鼓励和对抗,能在篮球运动获得愉快的心理体验。

5. 健身性

篮球运动的健身效果也是非常明显的,运动员通过参与篮球训练、比赛,能拥有更加健康的体魄和过硬的意志,达到健康身心的目的。

二、篮球运动主要技术与体能要求

（一）投篮技术与体能要求

1. 投篮技术要领

（1）原地单手投篮。

原地单手投篮是运动员在篮球比赛中常用的进攻方式之一。原地单手投篮的技术动作要领（以右手为例）如下。

投篮前：双脚自然开立，约与肩同宽，身体重心稍前倾，两膝微屈，手指和指根接触球，将球持于胸腹部前。

投篮时：身体重心上移，两脚蹬地发力，两臂向篮筐方向伸出，同时抬肘，打开前臂，在最高点处，左手向左离开球身，右手压腕拨球，最终通过中指和食指指端将球拨出（图3-1），球的运行轨迹应为抛物线，旋转方向向后，瞄准位置为篮筐虚拟中心。

图 3-1　原地单手投篮

投篮后：迅速判断球是否能进，做好争抢二次篮板的准备。

（2）原地起跳单手投篮。

原地起跳单手投篮是原地单手肩上投篮的改进。原地起跳单手投篮与原地单手投篮相似，其技术动作要领（以右手为例）如下。

投篮前：双脚自然开立，约与肩同宽，两膝微屈，身体重心稍前倾，手指和指根接触球，持球于胸腹部前。

投篮时：身体重心上移，两脚蹬地发力跳起，两臂向篮筐方向伸出，同时抬肘，打开前臂，左手向左离开球身，右手压腕拨球，待身体达到最高点时，通过中指和食指指端将球拨出（图3-2），球的运行轨迹应为抛物线，旋转方向向后，瞄准位置为篮筐虚拟中心。

图3-2 原地起跳单手投篮

投篮后：迅速判断是否能进球，做好争抢二次篮板的准备。

（3）原地双手胸前投篮。

原地双手胸前投篮是篮球运动中女性运动员常用的投篮技术之一。原地双手胸前投篮的技术动作要领如下。

投篮前：双脚自然开立，约与肩同宽，两膝微屈，身体重心稍前倾，十指张开，两拇指呈八字形，用指根和手指接触球，掌心不准与球接触，持球于胸腹部前。

投篮时：重心上移，两脚蹬地发力，同时两大臂向篮筐方向伸出，两手腕外翻，双手拇指向篮筐方向打开，用拇指、中指和食指将球拨出，球的运行轨迹应为抛物线，旋转方向向后，瞄准位置为篮筐虚拟中心。

投篮后：迅速判断是否能进球，做好争抢二次篮板的准备。

2. 篮球投篮技术的体能要求

投篮是篮球运动中最为重要的技术，同时也是篮球比赛中的主要得分方式。投篮技术的应用除要求运动员的身体协调发力外，还要求运动员具有较强的力量素质和速度素质，否则就很容易被对手成功防守，使投篮变为浪费体能的无效投篮。

因此，运动员在进行篮球体能训练时，要重视对力量、速度及协调等运动素质的训练。力量素质和速度素质影响着运动员的投篮速度和抗干扰能力，出手越快，越容易攻破对方防守队员的防守,抗干扰能力越强,越容易取得分数。而协调性决定着运动员投篮发力的流畅程度,流畅与否对投篮命中率有重要影响。

此外,篮球比赛的运动强度很大,所以还要求运动员要进行一定程度的耐力素质训练,只有运动员具备一定耐力水平,才能确保投篮的技术动作不变形,才能在比赛中较好地应用各种投篮技术。

(二)传接球技术与体能要求

1.传接球技术要领

(1)单手传球。

单手传球的技术动作要领(以右手为例)如下。

传球前:两脚前后开立,约与肩同宽,左脚在前,右手持球,左手扶球。

传球时:右手持球向右后侧引球,左肩正对传球方向,右脚蹬地发力,然后身体左转,右大臂带动小臂向前打开,伸肘压腕,通过手指将球传出(图3-3)。

图3-3 单手传球

传球后:应快速恢复重心,回到合适位置,为接下来的配合做好准备。

(2)双手胸前传球。

双手胸前传球的技术动作要领(以右手为例)如下。

传球前:两脚前后开立,左脚稍向前,膝关节微屈,重心在两脚之间,两臂弯曲放于身体两侧,双手手指自然张开,拇指相对呈八字,用手指和指根控制球(图3-4),持球到腹部与胸部之间。

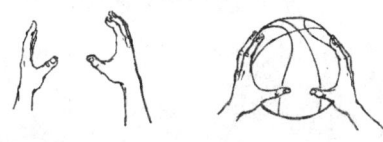

图3-4 双手胸前传球持球方式

传球时:右脚蹬地发力,身体重心前移,两臂前伸,同时翻腕用手指将球传出(图3-5);在传球过程中,两肘关节不能上抬得过高。

图 3-5 双手胸前传球

传球后：应快速恢复重心，回到合适位置，为接下来的配合做好准备。

（3）单手接球。

单手接球的技术动作要领（以右手为例）如下。

接球前：身体呈接球的基本姿势。

接球时：右臂伸出，正对来球方向，手指自然分开呈半球状，接触球的瞬间，右臂顺势后撤引球，到合适位置后，用手指和指根触球，将球控制在胸腹部前。

接球后：应快速判断形势，决定是否"传、投、突"，为接下来的配合做好准备。

（4）双手接球。

双手接球的技术动作要领如下。

接球前：两脚左右或前后开立，约与肩同宽，两大臂置于体侧，肘关节弯曲，前臂和双手放于胸腹部前，手指自然张开呈半球状，两拇指相对呈八字形。

接球时：两大臂伸出迎球，接触球的瞬间，两臂顺势后撤引球，待到合适位置后，用双手手指和指根触球，将球控制在胸腹部前。

接球后：应快速判断形势，决定是否"传、投、突"，为接下来的配合做好准备。

2. 篮球传接球技术的体能要求

传接球是一项需多种运动素质共同协调、配合才能完成的技术动作，运动员力量的大小、速度的快慢及全身协调发力的水平都对传接球的质量有重要影响。

传球时，人体全身肌肉协调配合，运用蹬、伸、翻、拨等一系列动作，将球快速传给队友，为球队获得得分机会。接球时，把"伸、引、控"相结合，控球后迅速反应，决定是否传球、运球或是投篮。传接球对力量和速度的要求很高，力量过大或过小，速度太慢或太快都可能造成传接球的失误。

篮球的传球和接球离不开良好的运动素质，这就要求运动员在篮球体能训练中，应重视力量素质、速度素质及灵敏素质的训练。此外，为保证传球的稳定性，还要加强对耐力素质和协调素质的训练。运动员只有拥有了这些重要运动素质，才能完美地掌握传接球技术，并确保能在篮球比赛中顺利应用。

（三）运球技术与体能要求

1. 运球技术要领

（1）低运球。

低运球是篮球比赛中非常有效的推进方式之一，篮球低运球的技术动作要领（以右手为例）如下。

运球时：如图3-6所示，两腿前后或左右开立，距离约与肩同宽，膝关节弯曲，身体重心降低，当右手运球时，左手臂要抬起保护；一般运球的高度越低，速度应越快，在运球过程中要抬头，时刻注意场上变化，做好随时传球和投篮的准备。

图3-6 低运球

（2）高运球。

高运球是篮球运动常见的技术动作之一，篮球高运球的技术动作要领（以右手为例）如下。

运球时：身体重心抬高，稍前倾，膝关节稍曲，用右手手指和指根接触球的正上方进行运球；运球过程中要抬头，时刻注意场上变化，做好变换运球方式和随时传球、投篮的准备。

2. 篮球运球技术的体能要求

篮球的运球技术是篮球运动必不可少的基本技术之一，运球技术的好坏直接决定着篮球比赛中进攻的效率，并且还对技术、战术配合有重要影响。

运球技术实施的关键是身体各部位协调用力及运球速度的变化，所以，要求运动员要具有良好的协调素质和速度素质。此外，运球过程中难免会遇到对方的强力防守，身体接触难以避免，因此，运动员还需有一定的力量素质。

综上，篮球的运球技术对运动员的体能要求较高，要求运动员具有良好的运动素质，所以，在篮球体能训练中，一定要加强对这些相关运动素质的训练。

（四）持球突破技术与体能要求

1. 持球突破技术要领

（1）顺步突破。

顺步突破是篮球运动常见的技术动作之一，是篮球比赛中不可缺少的突破方式。篮球顺步突破的技术动作要领（以右脚为例）如下。

突破时：右脚快速向身体右侧跨出一步，同时放球，左脚跟上，探左肩超越对方防守队员，右手继续运球，从对手左侧加速摆脱防守（图3-7）。

图 3-7　顺步突破

突破后：及时上篮、投篮或传球，为本队得分创造机会。

（2）交叉步突破。

交叉步突破是顺步突破的补充，是篮球比赛中一项非常有效的突破方式，其技术动作要领（以右脚为例）如下。

突破时：左脚向右前方（即防守队员的左侧）跨出一大步，同时放球，左肩探出并向右转，继续用右手快速运球，右脚蹬地发力加速摆脱防守（图3-8）。

图 3-8　交叉步突破

突破后：及时上篮、投篮或传球，为本队得分创造机会。

（3）前转身突破。

前转身突破是在篮球比赛中实用性较高的一项突破技术。篮球前转身突破的技术动作要领（以右脚为例）如下。

突破时：右手持球，以左脚为轴，右脚蹬地发力，身体转动后面向篮筐，右侧肩部向篮筐方向探肩，伸出右臂，抬肘送前臂，手腕伸出，用手指拨球上篮（图3-9）。

图3-9　前转身突破

（4）后转身突破。

后转身突破是篮球比赛中极为重要的中锋技术之一。篮球后转身突破的技术动作要领（以右脚为例）如下。

突破时：身体重心降低，以左脚为轴，右脚蹬地向左脚后方迈出一步，换左手运球后，探右肩突破防守上篮（图3-10）。

图3-10　后转身突破

2. 篮球持球突破技术的体能要求

篮球的突破技术是运球技术的应用拓展，在篮球比赛中具有重要的实践价值。良好的突破是衡量篮球竞技水平和获取篮球比赛胜利的重要影响因素之一。

运动员通过持球突破，能有效瓦解对方队员的防守，为本队创造出得分机会。将持球突破与投篮、传球等技术有机结合，能够有效提升球队的整体攻击力。突破技术是全身各部位协调发力的结果，突破时的爆发力和速度是突破成功的关键，因此，篮球突破技术对运动员的体能也提出了很高要求。

突破时，身体接触是不可避免的，要想获得完美的突破效果，就必须提高运动员的力量水平。因此，在篮球体能训练中，除加强对运动员速度素质和柔韧素质的训练外，还要加强对运动员力量素质的训练。

第二节 排球运动的主要技术及体能要求

一、排球运动概述

（一）排球运动的起源

排球运动是球类运动的主要项目之一。排球运动深受世界各国人民的喜爱。排球运动起源于美国，是由美国马萨诸塞州的威廉·摩根于 1895 年发明的，最初是把篮球胆在网球网的两边拍来拍去，尽量使球不落地的一种游戏，被称为"volleyball"，意为"空中飞球"。排球运动发明后，最先是在美国的学校和教会开展，后来得到了美国民众的认可和肯定，被列为军事体育项目，之后被美国的驻外军官、士兵和传教士传播到许多国家。因为传播时的具体情况有所不同，所以出现了多种排球运动形式。

（二）排球运动的特点

1. 群众性

排球运动具有普遍的群众基础，人们在参与排球运动的同时，既锻炼了身体，又促进了情感维系，获得了娱乐身心的效果。

2. 技巧性

排球运动是一项对技术要求很高的运动项目，特别是在排球比赛中，更要求运动员具有很强的技巧性,否则难以获得比赛的胜利。

3. 对抗性

对抗性是排球运动的重要特点之一,这里的对抗性不是指身体对抗,而是指运动员在排球比赛中隔网进行的体能和技术、战术对抗。

4. 集体性

排球运动是一项集体性运动项目,特别是在排球比赛中,要求运动员密切配合、协调一致,共同进行防守和进攻。

5. 全面性

全面性是指排球运动员一定要拥有过硬的运动素质和心理素质,只有这样才能在排球比赛中更好地发挥水平。

二、排球运动主要技术与体能要求

(一)发球技术与体能要求

1. 发球技术要领

发球是排球比赛的重要得分手段,是运动员需要掌握的首要技术,良好的发球技术有利于破坏防守、取得分数。

(1)正面上手发球。

正面上手发球是排球运动中主要的技术动作之一,排球正面上手发球的技术动作要领(以右手为例)如下。

发球前:两腿前后开立,左脚在前,两膝稍屈,身体稍前倾,重心落在两脚之间,左手持球于腹部前方,右手臂自然放于身体右侧。

发球时:左手将球向身体右前侧上方高处抛出,同时上体右转,右臂抬起,屈肘向后引臂,引至肘关节与肩部平行,手掌张开。然后右脚蹬地发力,身体左转,带动上臂、前臂和手腕做鞭打动作,最后手腕下压,利用手掌将球发于对方场地内(图3-11)。

发球后:身体重心迅速回到合适位置,为继续比赛做好准备。

图3-11 正面上手发球

（2）正面下手发球。

正面下手发球是排球比赛中常用的发球方式之一。排球正面下手发球的技术动作要领（以右手为例）如下。

发球前：面对球网，两腿前后开立，左脚在前，两膝稍屈，身体稍前倾，重心落在两脚之间，左手持球于腹部前方，右手臂自然放于身体右侧。

发球时：左手将球向身体右前侧上方抛出，高度大约30厘米，然后右臂以肩关节为轴，从后向前摆动，同时身体重心前移，在体前用右手虎口处击球的后下部，使球落在对方场内（图3-12）。

图3-12　正面下手发球

发球后：重心随击球动作前移，并顺势回归到合适位置，为继续进行比赛做好准备。

（3）侧面勾手发球。

侧面勾手发球的技术难度较大，但在比赛中也经常被使用。排球侧面勾手发球的技术动作要领（以右手为例）如下。

发球前：左肩对网，两腿左右站立，约与肩同宽，两膝稍屈，身体重心落在两脚之间，左手持球于胸部前方，右手臂自然放于身体右侧。

发球时：左手将球抛于前额上方约1米处，同时右脚蹬地发力，身体左转，利用转体带动右臂摆动发力，右手腕绷紧，右掌呈平面状，在右肩上方将球击出，使球贴网落在对方场地内（图3-13）。

图3-13　侧面勾手发球

发球后：身体重心迅速回归到合适位置，为继续进行比赛做好准备。

2. 排球发球技术的体能要求

发球是一项重要的技术，在排球比赛中有着重要的应用价值。高超的发球技术是在比赛中取得分数、获得比赛胜利的前提条件。因此，在排球训练中，必须提高排球发球的技术水平。

排球的发球技术对运动员的体能要求很高，对力量素质和协调性的要求尤为严格。在发球技术的应用中，要求运动员有很好的上、下肢力量和腰、腹部力量，并且在动作的完成过程中，还要求运动员具有良好的协调性，以确保技术动作的流畅完成。

因此，在排球体能训练中，要重视对运动员力量素质和柔韧素质的训练，确保运动员拥有很好的力量和协调能力，为在比赛中能高水平地发挥出发球技术的作用，做好体能上的准备。

（二）传球技术与体能要求

1. 传球技术要领

在排球运动中传球是一项基本技术，是在排球比赛中相互配合的基础，是获得流畅进攻的保证。

（1）正面双手传球。

正面双手传球是在排球运动中运用得最多的一项传球技术。排球正面双手传球的技术动作要领如下。

传球前：迅速判断落点，移动到位，身体面向来球方向，两膝稍屈，重心在两脚之间，两臂弯曲置于胸前，两肘尖向下，十指打开，两拇指呈八字形，距离适当，目视来球方向，准备传球（图3-14）。

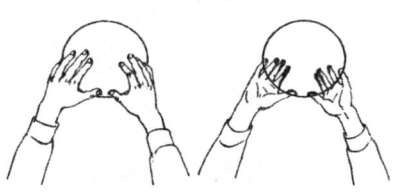

图3-14　正面双手传球持球方式

传球时：当来球接近前额时，蹬地伸膝，两臂向来球方向伸出，双手迎球，手腕保持适当紧张，用两拇指内侧、食指的全部、中指的二、三指节触球的后下部，无名指和小指触球的两侧，将球传至既定位置（图3-15）。

图3-15 正面双手传球

传球后：快速判断，移动到合适的位置，为继续比赛做好准备。

（2）侧传。

在排球运动中，将球传向体侧方向的传球技术称作"侧传"。排球侧传球的技术动作要领如下。

传球前：快速判断落点，及时移动到位，身体面向来球方向，两膝稍屈，两臂弯曲置于胸前，两肘尖向下，十指打开，两拇指呈八字形，距离适当，目视来球方向，为传球做好准备。

传球时：当来球接近前额时，蹬地伸膝，身体向传球方向适当倾斜，两臂同时向传球方向伸出，双手迎球，手腕保持适当紧张，传球方向的同侧手幅度较小，传球方向的异侧手幅度较大，协调配合将球传至既定位置（图3-16）。

图3-16 侧传

传球后：快速判断，移动到合适位置，为继续比赛做好准备。

（3）背传。

在排球运动中，向后上方传球的技术动作被称为"背传"。排球背传球的技术动作要领如下。

传球前：快速判断落点，及时移动到位，身体背向来球方向，两膝稍屈，两臂弯曲，置于面部前方，十指打开，两拇指呈八字形，距离适当，为传球做好准备。

传球时：双脚蹬地发力，伸膝，展腹，抬臂，向后翻腕，用手指触及球的下部，将球传至既定位置（图3-17）。

图 3-17　背传

传球后：快速判断，移动到合适位置，为继续进行比赛做好准备。

（4）跳传。

在排球运动中，两脚起跳在空中完成传球动作的技术叫"跳传"。排球跳传球的技术动作要领如下。

传球前：迅速判断落点，移动到位，身体面向来球方向，两膝稍屈，两臂弯曲置于胸前，两肘尖向下，十指打开，两拇指呈八字形，距离适当，目视来球方向，准备跳起传球。

传球时：跳起后，在接近最高点位置做传球动作，两大臂抬起，伸肘，小臂伸出，利用手腕和手指的力量，将球弹击到既定位置（图3-18）。

图 3-18　跳传

传球后：快速判断，移动到合适位置，为继续比赛做好准备。

2. 排球传球技术的体能要求

排球的传球技术是一项重要的技术，是运动员必须掌握的基本技术之一。高超的传球技术是组织进攻的基础，也是创造出扣杀球的前提保障。

传球技术需要腿、腰、腹、手、眼等部位的协调工作，因此，运动员要在运动素质的诸多方面均拥有较高的水平。速度是确保移动和动作到位的关键，力量是传球落点到位的保证，耐力是传球技术完成标准的基础。

综上，只有运动员满足这些与传球密切相关的体能要求时，才能保证传球的成功率，进而为比赛的最终胜利创造良好条件。

（三）垫球技术与体能要求

1. 垫球技术要领

垫球技术是排球运动中最重要的防守转进攻技术，是排球训练的重要环节。在排球比赛中，良好的垫球是获得比赛胜利的关键因素之一。

（1）正面双手垫球。

在排球技术中，用双手在身体正面进行垫球的技术称为"正面双手垫球"。排球正面双手垫球的技术动作要领如下。

垫球前：面对球网，双脚自然开立，两膝弯曲稍内收，重心稍前倾，两臂微屈，两手呈抱拳式（叠掌式或互靠式）置于体前（图3-19）。

垫球时：两脚蹬地发力，提腰向前，两臂快速插入来球下方，含胸，收肩，两臂夹紧，压腕，抬臂，用前臂形成的平面将球垫出（图3-20）。

 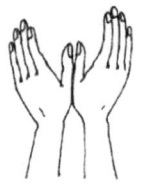

图3-19　正面双手垫球双手准备动作　　图3-20　正面双手垫球时双手与前臂的动作

垫球后：两臂快速收回，移动到合适位置，为接下来的动作做好准备。

（2）侧面双手垫球。

在排球技术中，用双手在身体两侧进行垫球的技术称为"侧面双手垫球"。排球侧面双手垫球的技术动作要领（以右侧为例）如下。

垫球前：面向球网，双脚自然开立，两膝弯曲稍内收，重心稍前倾，两臂微屈，两手呈抱拳式（叠掌式或互靠式）置于体前。

垫球时：左脚蹬地发力，右脚向右侧迈出，右膝弯曲，重心移至右脚，左臂下倾，两臂夹紧伸入来球下方，身体左转，提腰，用两前臂形成的平面将球垫出（图3-21）。

图 3-21　侧面双手垫球

垫球后：两臂快速收回，移动到合适位置，为接下来的动作做好准备。

（3）单手垫球。

在排球技术中，用单臂完成的垫球技术称为"单手垫球"。排球单手垫球的技术动作要领（以左臂为例）如下。

垫球前：面向球网，双脚自然开立，两膝弯曲稍内收，重心稍前倾，两臂微屈，自然置于体侧。

垫球时：当来球靠近左侧时，快速移动到位，左脚跨出一步，身体向左倾斜，左臂伸直，伸入来球下方，抬肩，提肘，用小臂内侧、掌根或虎口击球，将球垫起（图3-22）。

图 3-22　单手垫球

垫球后：快速恢复重心，移动到合适位置，为接下来的动作做好准备。

（4）背向垫球。

在排球技术中，背对垫球方向完成垫球的技术称为"背向垫球"。排球背向垫球的技术动作要领如下。

垫球前：身体朝向球网方向，双脚自然开立，两膝弯曲稍内收，重心稍前倾，两臂微屈，自然置于体侧。

垫球时：背向出球方向，展腹，挺腰，身体后仰，两臂夹紧，前臂伸直，抬头后仰，两臂后扬，用两前臂形成的平面将球垫起（图3-23）。

图 3-23　背向垫球

垫球后：快速恢复到初始姿势，移动到合适位置，为接下来的动作做好准备。

（5）滚翻垫球。

在排球技术中，用两手或单手垫球后，顺势做滚翻动作的垫球技术称为"滚翻垫球"。排球滚翻垫球的技术动作要领如下。

垫球前：面向球网方向，双脚自然开立，两膝弯曲稍内收，重心稍前倾，两臂微屈，自然置于体侧。

垫球时：双脚蹬地发力，身体向来球方向腾出，大臂夹紧，前臂打开、伸直，快速插入来球下方，用两前臂形成的平面垫球的后下部，将球垫到理想位置（图3-24）。

图 3-24　滚翻垫球

垫球后：快速起身，移动到合适位置，为接下来的动作做好准备。

2. 排球垫球技术的体能要求

垫球技术是排球运动的一项重要的接发球和接扣球技术，同时也是在比赛中由防守转变为进攻的重要手段，垫球技术对排球竞技水平的提高作用极大。

排球的垫球技术具有动作幅度大、速率高等特点，这就要求运动员要具有良好的力量素质和柔韧素质，而且运动员的腰部和上、下肢肌肉的力量要强大，只有这样，才能满足跳起垫球、背向垫球及翻滚垫球等有难度的动作要求，才能确保垫球的成功率和准确率，进而为由守转攻打下基础。

因此，在排球体能训练中，力量、柔韧和速度等运动素质的训练是重中之重。此外，对运动员的肌肉力量和耐力的训练也是不可或缺的训练安排之一。

（四）扣球技术与体能要求

扣球技术是排球比赛中最主要的得分方式，是排球运动训练中的重要内容之一。扣球技术对排球运动员竞技水平的提升起着关键作用。

1. 扣球技术要领

（1）双脚起跳扣球。

双脚起跳扣球是排球进攻最常用的扣球方法。排球双脚起跳扣球是由一系列动作组合实现的，主要包括准备、踏跳、起跳、击球和落地等几部分（图3-25）。

图3-25 双脚起跳扣球

① 准备。

双脚自然开立，约与肩同宽，两膝稍屈，上体稍前倾，重心在两脚之间，两臂在体侧自然下垂，目视球网方向，时刻准备踏跳（图3-26）。

② 踏跳。

向球的落点方向助跑，离合适位置一步时，左脚向前迈出，右脚及时跟上，屈膝，重心下移，两臂后引，准备起跳（图3-27）。

图3-26 双脚起跳扣球准备动作　　　图3-27 双脚起跳扣球的踏跳动作

③起跳。

踏跳后,两臂从身体两侧以肩关节为轴,向上方摆动,同时双腿迅速伸直,两脚蹬地发力跳起,快到最高点时,挺胸,展腹,上体稍向右转,右臂弯曲并向后上方抬起,前臂后引至脑右侧,身体成反弓状,做好击球准备(图3-28)。

图3-28 双脚起跳扣球的起跳动作

④击球。

含胸,收腹,发力,带动肩、肘、腕呈甩鞭动作向前上方挥出,右手五指保持紧张,触球时,全手掌包满球,用掌心击球的后中部,将球击至对方场地内(图3-29)。

图3-29 双脚起跳扣球的击球动作

⑤落地。

完成击球动作后,前脚掌首先接触地面,顺势屈膝缓冲,两手辅助控制身体,迅速恢复到原来的姿势,为接下来的动作做好准备。

(2)单脚起跳扣球。

排球单脚起跳扣球和排球双脚起跳扣球的技术动作十分相似。其技术动作要领(以右手扣球为例)如下。

扣球前:距离合适的扣球位置一步时,左脚向前迈出一大步,身体重心下降,屈膝,两臂后引,做好起跳准备。

扣球时:左脚起跳,身体成反弓状,左臂抬起,右臂弯曲后引至体侧,看准来球后，含胸，收腹，发力，带动肩、肘、腕呈甩鞭动作向前上方挥出，触球时，右手全手掌包球，用掌心击球的后中部，将球扣至对方场地内（图3-30）。

图3-30 单脚起跳扣球

扣球后：身体快速移动到合理位置，为接下来的配合做好准备。

（3）勾手扣球。

勾手扣球是排球运动中运用勾手动作进行扣球的一种方法，其技术动作要领（以右手扣球为例）如下。

扣球前：快速跑动到合适的扣球位置，在最后一步使左肩朝向扣球方向，两膝稍屈，重心下移，两臂在体侧准备协助跳起。

扣球时：两脚蹬地发力跳起，身体稍后倾并右转，右臂上提至体侧，看准来球后，身体左转，伸直右臂，利用转体收腹的力量，从体侧向前上方快速挥动，用勾手动作，在最高点击球，将球下甩至对方场地内（图3-31）。

图3-31 勾手扣球

扣球后：身体快速移动到合适的位置，为接下来的配合做好准备。

2.排球扣球技术的体能要求

扣球是排球比赛中最重要的得分方式，对排球比赛的胜利有重要价值。但扣球的难度较大，想要掌握好扣球技术，不但要进行技术训练，而且要进行体能训练。

排球的扣球技术需要运动员具有良好的体能，特别是柔韧素质、速度素质和力量素质。只有快速移动到位，身体协调用力，下球力大势沉，才能漂亮地完成扣球，并取得分数。

因此，在排球体能训练中，要注重对运动员以上三项运动素质的提升，并根据实际情况，适当提高排球运动员全身肌肉的力量和耐力。

（五）拦网技术与体能要求

拦网是排球运动中最为重要的防守方法。拦网主要包括单人拦网、双人拦网和三人拦网等。

1.拦网技术要领

（1）单人拦网。

拦网是排球防守的第一道防线。单人拦网是最基本的拦网方式之一，单人拦网是由几个相互衔接的动作组成的，主要包括准备姿势、移动起跳、空中击球、落地缓冲四个环节（图3-32）。

图3-32 单人拦网

① 准备姿势。

身体正对球网，双脚平行站立，约与肩同宽，两膝稍屈，两臂自然弯曲置于胸前，时刻准备移动。

② 移动起跳。

快速移动到合适的起跳点，屈膝，重心下移，两臂后引，准备起跳。起跳时，两臂从身体两侧以肩关节为轴，做向上方摆动辅助起跳，两脚蹬地发力跳起。

③空中击球。

起跳后，两臂伸直，两手贴近额前平行于球网向上方伸出（图3-33）。触球瞬间，两手腕突然用力下压，用手掌和手指将球拦至对方场地内（图3-34）。

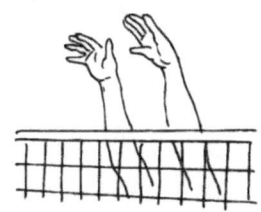 

图3-33　单人拦网空中击球前双手准备动作　　图3-34　单人拦网空中击球动作

④落地缓冲。

拦网后，两脚掌先着地，屈膝缓冲，双臂回收至身体两侧，并迅速做出判断，为下一次击球做好准备。

（2）双人拦网。

双人拦网时，两人正对扣球点，保持一定距离，来球时，两人同时起跳拦球（图3-35）。空中拦网动作及落地动作和单人拦网相同，但应该注意的是两拦网队员间的距离一定要合适，距离太大容易造成空挡，距离太小则容易互相干扰，影响拦网质量。

图3-35　双人拦网

2.排球拦网技术的体能要求

排球的拦网技术是排球比赛中最为重要的一项防守技术，拦网技术的优劣决定着防守成功率的高低，并有可能影响比赛的走向和最终结果。

拦网技术对排球运动员提出了较高要求，运动员想要掌握高超的拦网技术，就必须拥有快速的反应、出色的爆发力和良好的弹跳力。因此，在排球体能训练中，要对运动员的反应速度、爆发力和协调素质进行专门训练，以确保运动员在比赛中能完美地运用拦网技术，并通过拦网技术牢牢把控比赛的主动权。

第三节 足球运动的主要技术及体能要求

一、足球运动概述

（一）足球运动的起源

在古代，中国就发明了"蹴鞠"这项活动，被认为是足球运动的前身。现代足球运动的发源地是英国，在1863年第一份正式的足球比赛规则创立时，现代足球便诞生了。1900年，足球又被正式列入夏季奥运会的比赛项目。1904年，国际足球联合会（简称"国际足联"）正式成立，到目前为止，已经有200多个国家和地区成了国际足联会员，国际足联也已经成为世界上最大的单项体育组织。足球深受世界人民喜爱，在许多国家都拥有数以万计的球迷，足球世界杯也已演变为能和奥运会媲美的体育运动赛事，足见这项运动的非凡魅力。

（二）足球运动的特点

1. 整体性

足球运动是一项需要全队队员密切配合的整体性项目。在足球比赛中，本队队员需通过传、停、带球等技术密切配合，最终撕开对方的防守网，取得进球。

2. 对抗性

对抗性是足球运动的重要特点，运动员在比赛场上进行合理冲撞、铲球、近身防守等，都不可避免地要进行身体的对抗。

3. 多变性

多变性是指足球运动的技术组成、战术配合均具有很多变化，并且在足球比赛中的影响因素较多，也造成了比赛结果的不确定性。

4. 技术性

足球是一项融合多种技术的竞技运动，要想在比赛中获得胜利，运动员就必须具备良好的足球技术，也可以说，技术性是足球运动的首要特点。

5. 情感性

人是情感动物，同样，足球运动也具有情感性。足球比赛时，运动员为了自己的祖国或俱乐部挥洒汗水，往往容易让人们感动。

二、足球运动主要技术与体能要求

（一）踢球技术与体能要求

1. 踢球技术要领

（1）脚内侧踢球。

脚内侧踢球是足球运动的一项基本技术。足球脚内侧踢球的技术动作要领（以右脚踢球为例）如下。

踢球前：运动员采用直线助跑，左脚最后一步要相对大些，在距离球约15厘米处落脚，左腿膝关节稍屈，重心下降，脚尖正对触球方向，右腿带动小腿稍后引，目视来球方向，准备踢球。

踢球时：左脚支撑，右大腿带动小腿由后向前摆动，大腿外展，到膝关节接近球上方时，小腿做爆发式摆动，右脚尖上翘，踝关节紧绷，用脚内侧踢球的后中部，将球踢到合理位置（图3-36）。

图3-36　脚内侧踢球

踢球后：髋关节向前送，身体随惯性向前冲，然后快速调整重心，为接下来的动作做好准备。

（2）脚背正面踢球。

脚背正面踢球是足球运动的重要技术之一。足球脚背正面踢球的技术动作要领（以右脚踢球为例）如下。

踢球前：运动员一般采用直线助跑，左脚最后一步要相对大些，在距离球约15厘米处落左脚，左腿膝关节稍屈，重心下降，脚尖正对触球方向，右腿带动小腿稍后引，目视来球方向，准备踢球。

踢球时：左脚支撑，右大腿带动小腿由后向前摆动，当膝关节接近球上方时，右小腿做爆发式摆动，踝关节伸，脚趾微屈，用脚背正面踢球的后中部，将球踢到既定位置（图3-37）。

图3-37　脚背正面踢球

踢球后：身体随惯性向前冲一小段，快速调整重心，为接下来的动作做好准备。

（3）脚背内侧踢球。

脚背内侧踢球是和脚背正面踢球相似的技术动作。足球脚背内侧踢球的技术动作要领（以左脚踢球为例）如下。

踢球前：运动员多采用直线助跑，右脚最后一步要相对大些，在距离球约15厘米处落右脚，右腿膝关节稍屈，重心下降，脚尖正对触球方向，左腿带动小腿稍后引，目视来球方向，准备踢球。

踢球时：右脚支撑，左大腿带动小腿由后向前摆动，当膝关节接近球上方时，左小腿做爆发式摆动，脚背绷直，脚尖外展，用脚背内侧踢球的后中部，将球踢向合适的位置（图3-38）。

图3-38　脚背内侧踢球

踢球后：身体随惯性向前冲一小段，迅速调整重心，为接下来的动作做好准备。

（4）脚背外侧踢球。

脚背外侧踢球也是经常使用的踢球动作。足球脚背外侧踢球的技术动作要领（以右脚踢球为例)如下。

踢球前：运动员多采用曲线助跑，左脚最后一步要相对大些，在距离球约 15 厘米处落左脚，左腿膝关节稍屈，重心下降，脚尖正对触球方向，右腿带动小腿稍后引，目视来球方向，准备踢球。

踢球时：左脚支撑，右大腿带动小腿由后向前摆动，当膝关节接近球上方时，右小腿做爆发式摆动，脚面绷紧，脚尖内收，用脚背外侧踢球的后中部，将球踢到理想位置。

踢球后：身体随惯性向前冲一小段，快速调整重心，为接下来的动作做好准备。

（5）脚尖踢球。

脚尖踢球又被称作"脚尖捅球"。足球脚尖踢球技术的技术动作要领（以右脚踢球为例）如下。

踢球前：运动员一般采用直线助跑，左脚最后一步要相对大些，在距离球约 15 厘米处落左脚，左腿膝关节稍屈，重心下降，脚尖正对触球方向，右腿带动小腿稍后引，目视来球方向，准备踢球。

踢球时：左脚支撑，右大腿带动小腿由后向前摆动，膝关节快接近球上方时，右小腿前伸，踝关节打开，用脚尖捅球的后中部，将球踢到理想位置。

踢球后：髋关节适当向前送，身体随惯性向前冲一小段，然后快速调整重心，为接下来的动作做好准备。

（6）脚跟踢球。

脚跟踢球是运动员在比赛中经常使用的一种踢球方法。足球脚跟踢球技术的技术动作要领（以右脚踢球为例）如下。

踢球时：当球在左脚外侧合适的距离时，以左脚为轴向左转动身体，使身体背对来球，用右脚脚跟踢球的后中部，将球踢到既定位置。

踢球后：髋关节适当向前送，身体随惯性向前冲一小段，然后快速调整重心，为接下来的动作做好准备。

2. 足球踢球技术的体能要求

踢球技术是足球运动重要的技术之一，是运动员组织、配合的有力工具。踢球技术对足球比赛最终的胜利有着至关重要的影响。

对运动员来说，高超的踢球技术对其有重要意义。但想要掌握这项技术并不容易，除了日常训练中常规的技术训练外，还要在体能训练上多下功夫。只有拥有良好的力量、速度、协调等运动素质，才能真正应用好踢球技术。

因此，在足球体能训练中，要对运动员的力量素质、速度素质和柔韧素质着重训练，以提升应用踢球技术的成功率。此外，因为足球运动是一项有氧运动，足球比赛的激烈程度世人皆知，所以，还要对运动员的耐力素质加以训练。

（二）停球技术与体能要求

1. 停球技术要领

（1）脚内侧停球。

① 脚内侧停地滚球。

脚内侧停地滚球的技术动作要领（以右脚停球为例）如下。

停球前：身体保持直立，重心在左脚上，左脚脚尖正对来球方向，膝关节稍屈，左肩对球，做好停球准备。

停球时：快速判断来球轨迹，右腿膝部提起，大腿外展，踝关节绷紧，脚尖上翘，脚底约与地面平行，脚内侧前迎来球，脚内侧在和球相触的瞬间迅速后撤，把球控制在脚下（图3-39）。

图3-39 脚内侧停地滚球

停球后：迅速做出反应，决定带、传或射，避免错过时机。

② 脚内侧停反弹球。

脚内侧停反弹球的技术动作要领（以右脚停球为例）如下。

停球前：迅速移动到合理的停球位置，左脚落在来球的侧前方，膝关节稍屈，重心下降，身体向停球方向偏转，做好停球准备。

停球时：右脚脚尖上翘，脚踝绷紧，右腿提起，右脚内侧与来球方向成锐角，当球弹起时，右腿向来球反方向摆动卸力，用右脚内侧触球的中上部，将球掌控在脚下（图3-40）。

图3-40 脚内侧停反弹球

停球后：迅速做出反应，决定带、传或射，避免错过时机。

③ 脚内侧停空中球。

脚内侧停空中球的技术动作要领（以右脚停球为例）如下。

停球前：快速移动到理想的停球位置，左脚落在来球的侧前方，膝关节稍屈，重心下降，身体向停球方向偏转，做好停球准备。

停球时：右腿抬起到适当高度，用右脚内侧对准来球方向前迎，在脚接触球的瞬间，向后下方适度撤退卸力，最终把球掌控在脚下（图3-41）。

图3-41　脚内侧停空中球

停球后：迅速做出反应，决定带、传或射，避免错过时机。

（2）脚背正面停球。

①脚背正面停抛物线球。

脚背正面停抛物线球的技术动作要领（以右脚停球为例）如下。

停球前：快速移动到停球位置，左脚落在来球的侧前方，膝关节稍屈，重心下降，右脚踝关节紧绷，随时做好停球准备。

停球时：右腿抬起，适度绷紧，用脚正面前迎来球，在脚与球接触的瞬间，右脚与球保持下降速度一致，用脚背正面下撤卸力，最后把球掌控在脚下（图3-42）。

图3-42　脚背正面停抛物线球

停球后：迅速做出反应，决定带、传或射，避免错过时机。

②脚背正面停高空球。

脚背正面停高空球的技术动作要领（以右脚停球为例）如下。

停球前：快速移动到停球位置，背部微屈，左脚落在来球的侧前方，膝关节稍屈，重心下降，右脚踝关节紧绷，随时做好停球准备。

停球时：右腿带动小腿上迎，膝关节稍屈，踝关节适度绷紧，在脚与球接触的瞬间，右脚向下适当卸力，最终将球停在脚下（图3-43）。

图3-43　脚背正面停高空球

停球后：迅速做出反应，决定带、传或射，避免错过时机。

（3）脚背外侧停球。

①脚背外侧停地滚球。

脚背外侧停地滚球的技术动作要领（以右脚停球为例）如下。

停球前：身体保持直立，重心在左脚上，左脚脚尖正对来球方向，膝关节稍屈，做好停球准备。

停球时：右腿上抬，膝关节稍屈，小腿内旋，让右脚背与地面呈锐角，身体正对来球方向，在脚与球接触的瞬间，右腿带动小腿后引卸力，用右脚背外侧将球控制在脚下（图3-44）。

停球后：迅速做出反应，决定带、传或射，避免错过时机。

图3-44　脚背外侧停地滚球

②脚背外侧停反弹球。

脚背外侧停反弹球的技术动作要领（以右脚停球为例）如下。

停球前：迅速移动到合理的停球位置，左脚落在来球的侧前方，膝关节稍屈，重心下降，脚背绷紧，做好停球准备。

停球时：右脚脚尖上翘，脚踝绷紧，右腿提起，右脚脚背外侧与来球方向成锐角，当球弹起时，右腿向来球反方向摆动卸力，用右脚背外侧接触球的中下部，将球掌控在脚下。

停球后：迅速做出反应，决定带、传或射，避免错过时机。

（4）脚底停球。

①脚底停地滚球。

脚底停地滚球的技术动作要领（以右脚停球为例）如下。

停球前：身体保持直立，重心在左脚上，左脚脚尖正对来球方向，膝关节稍屈，目视来球，做好停球准备。

停球时：快速判断来球轨迹，右腿膝部提起，踝关节绷紧、背屈，脚尖上翘，脚底约与地面成45度角，用前脚掌压球的上部，把球控制在脚下。

停球后：迅速做出反应，决定带、传或射，避免错过时机。

②脚底停反弹球。

脚底停反弹球的技术动作要领（以右脚停球为例）如下。

停球前：迅速移动到合理的停球位置，身体正对来球，左脚落在来球的侧前方，膝关节稍屈，重心下降，做好停球准备。

停球时：快速判断来球轨迹，右腿膝部提起，踝关节绷紧、背屈，脚尖上翘，脚底离开地面迎球，球弹起后，用前脚掌触及球的中上部，把球控制在脚下（图3-45）。

图3-45 脚底停反弹球

停球后：迅速做出反应，决定带、传或射，避免错过时机。

（5）大腿停球。

①大腿停高空球。

大腿停高空球的技术动作要领（以右腿停球为例）如下。

停球前：快速移动到停球位置，面对来球方向，膝关节稍屈，重心下降，随时做好停球准备。

停球时：右腿带动小腿上迎，踝关节适度绷紧，大腿与球接触的瞬间，向下适当卸力，最终将球停在脚下。

停球后：迅速做出反应，决定带、传或射，避免错过时机。

②大腿停低平球。

大腿停低平球的技术动作要领（以右腿停球为例）如下。

停球前：快速移动到停球位置，面对来球方向，膝关节稍屈，重心下降到合适高度，随时做好停球准备。

停球时：左腿屈至合适高度，右腿带动小腿上迎，踝关节适度绷紧，大腿在与球接触的瞬间向下卸力,最终将球停在脚下。

停球后:迅速做出反应,决定带、传或射,避免错过时机。

(6)腹部停球。

①腹部停高空球。

腹部停高空球的技术动作要领如下。

停球前:快速移动到停球位置,面对来球方向,双目紧盯,身体保持适度紧张,随时做好停球准备。

停球时:身体正对来球方向,双脚左右开立,两膝稍屈,两臂微屈展于体侧,挺腹迎球,触球时后撤卸力,最后将球控制在脚下。

停球后:迅速做出反应,决定带、传或射,避免错过时机。

②腹部停低平球。

腹部停低平球的技术动作要领如下。

停球前:快速移动到停球位置,面对来球方向,双目紧盯,身体保持适度紧张,随时做好停球准备。

停球时:身体正对来球方向,双脚左右开立,两膝稍屈,重心下降到合适高度,两手微屈展于体侧,挺腹迎球,触球时后撤卸力,最后将球控制在脚下。

停球后:迅速做出反应,决定带、传或射,避免错过时机。

(7)胸部停球。

①挺胸式停球。

挺胸式停球的技术动作要领如下。

停球前:快速移动到停球位置,面对来球方向,双脚左右开立,两膝稍屈,上体后仰,两臂在体侧张开,肘关节微屈,随时做好停球准备。

停球时:挺胸迎来球的中下部,在接触球的瞬间,身体适度后撤卸力,让球落在体前,最后控制在脚下(图3-46)。

停球后:迅速做出反应,决定带、传或射,避免错过时机。

图3-46 挺胸式停球

②收胸式停球。

收胸式停球的技术动作要领如下。

停球前:快速移动到停球位置,面对来球方向,双脚左右开立,两膝稍屈,两臂在体侧张开,肘关节微屈,随时做好停球准备。

停球时:挺胸迎来球的前中部,在接触球的瞬间,含胸、收腹、卸力,臀部后移,让球落在体前,最后控制在脚下(图3-47)。

图 3-47　收胸式停球

停球后:迅速做出反应,决定带、传或射,避免错过时机。

2. 足球停球技术的体能要求

停球技术是一项极其重要的足球技术,是足球比赛中传球、带球和射门的前提,只有停好球,才能为接下来的动作做好准备。因此,在足球训练中,不能只重视技术训练,更要结合所需体能进行有针对性的专门训练。

停球技术对力量素质要求不高,但对于足球运动员的速度素质和柔韧素质要求很高。因为只有拥有良好的速度素质,才能及时移动到位,才能合理运用身体各部位协调用力以将球控制好。此外,足球比赛的时间较长,因此也需要良好的耐力素质,以确保应用技术动作完整、不变形。

综上,运动员在足球体能训练中,一定要重视速度素质、柔韧素质和耐力素质的训练。但应该指出的是,足球运动是一项综合性要求很高的竞技项目,因此,除了对以上三种运动素质的训练外,其他的运动素质训练也不能缺失。

(三)带球技术与体能要求

1. 带球技术要领

(1)脚内侧带球。

脚内侧带球的技术动作要领(以右脚带球为例):左肩朝向带球方向,身体右转,右腿抬起,右膝关节稍屈并外旋,右脚尖外展并适度绷紧,用右脚内侧正对带球方向,触及球的中后部将球拨出去,身体随球向前跟进,离球距离不宜过远,以防止对方断球。

（2）脚背正面带球。

脚背正面带球的技术动作要领（以右脚带球为例）：身体稍前倾，脚步幅度适中，髋关节前送，膝关节稍屈，右脚提起，脚尖向下适度绷紧，用脚背正面将球向前送，身体随球向前跟进，离球距离不宜过远，以防止对方抢断。

（3）脚背内侧带球。

脚背内侧带球的技术动作要领（以右脚带球为例）：身体稍前倾，脚步幅度适中，髋关节前送，膝关节稍屈并外旋，右脚提起，脚尖外旋并适度绷紧，用脚背内侧将球向前拨，身体随球向前跟进，离球距离不宜过远，以防止对方断球。

（4）脚背外侧带球。

脚背外侧带球的技术动作要领（以右脚带球为例）：身体稍前倾，脚步幅度适中，髋关节前送，膝关节稍屈并内旋，右脚提起，脚尖内旋并适度绷紧，用脚背外侧将球向前拨，身体随球向前跟进，离球距离不宜过远，以防止对方抢断。

（5）拨球。

拨球的技术动作要领（以右脚带球为例）：以左脚为中枢脚着地，右脚略抬起，右踝关节旋转发力，用右脚内侧或外侧控制球的方向，可向前、向后或向侧面拨球。

（6）扣球。

扣球的技术动作要领（以右脚带球为例）：以左脚为中枢脚制动，右脚抬起到合适高度，在接触球的瞬间，身体左转，右踝关节内旋发力，用右脚内侧扣球的右前方，将球控制在身体左侧前方。

（7）拉球。

拉球的技术动作要领（以右脚带球为例）：左脚支撑身体，右脚前脚掌放于球的上部或侧上部，随着身体后转，将球拉回到身体右后侧，最终将球控制在脚下。

2. 足球带球技术的体能要求

带球技术是重要的足球技术之一。运动员通过带球技术，可以突破对方的严密防守，为进球创造机会。但想很好地掌握带球这项技术并不容易，足球运动员必须有较强的力量、灵活的反应能力和良好的协调性，才能最终发挥出带球技术的真正威力。

因此，在足球专项体能训练中，要特别注重对运动员腿部力量和速度的训练。此外，还要加强全身的柔韧性练习。只有提高了这些带球技术所必需的运动素质，运动员才能真正掌握各项运球技术，进而在足球比赛中较好地应用运球技术，达到事半功倍、一气呵成的效果。

（四）抢断球技术与体能要求

1. 抢断球技术要领

（1）合理冲撞断球。

合理冲撞断球的技术动作要领：防守队员和进攻队员身体要保持平行，防守队员利用肘关节以上部位向进攻队员相同部位挤、撞，破坏进攻队员身体平衡，并趁机将球控制在自己的脚下（图3-48）。

图3-48　合理冲撞断球

（2）正面跨步堵抢。

正面跨步堵抢的技术动作要领：防守队员双脚前后站立，面向进攻队员方向，两膝稍屈，身体重心落在两脚间，当与进攻队员还有一步左右距离时，向进攻队员身前跨步而出，用脚内侧堵截来球，并尽力将球控制在自己的脚下（图3-49）。

（3）铲球。

① 正面铲球。

图3-49　正面跨步堵抢

正面铲球的技术动作要领：身体正对进攻队员，膝关节稍屈，重心降低，当进攻队员对球的控制超过一定距离时，双脚发力，身体后倒滑出，两脚沿地面向来球方向铲出。

② 同侧脚铲球。

同侧脚铲球的技术动作要领：迅速追上进攻队员，当判断出进攻队员对球的控制轨迹时，蹬地发力，身体后倒并向前跃出，用同侧脚将球铲断。

③ 异侧脚铲球。

异侧脚铲球的技术动作要领：迅速追上进攻队员，当判断出进攻队员对球的控制轨迹时，蹬地发力，身体后倒并向前跃出，用异侧脚将球铲断（图3-50）。

图 3-50 异侧脚铲球

2. 足球抢断球技术的体能要求

抢断球技术是足球运动中一项非常重要的防守技术，决定着全队防守能力的水平。只有防守技术过硬，才能降低进攻队员的进攻威胁性，进而在抢断球后，发动进攻，取得进球。可见，在足球训练中，必须重视抢断球技术的提高。

在足球运动员进行抢断球时，主要是利用身体的力量进行合理冲撞，或利用速度进行贴身防守，以此与进攻队员进行争夺，迫使其最终失去对球的控制权，将球控制在自己的脚下。

因此，在足球训练中，一定要重视对运动员力量素质、速度素质的训练。此外，因为实施抢断球技术还需要身体各部位的协调配合，所以还应该对运动员的柔韧素质加以训练。同时也不能忽略足球是一项负荷较大的有氧运动，在进行以上运动素质训练的同时，还要做好对运动员耐力素质的训练。

（五）头球技术与体能要求

1. 头球技术要领

（1）前额正面头球。

前额正面头球就是利用额头平面触球（图 3-51），将球顶至既定位置的一项足球基本技术，其在足球比赛中具有重要的实践价值。

① 原地前额正面头球。

原地前额正面头球的技术动作要领：双脚左右开立，约与肩同宽，两膝稍屈，重心落在两脚间，目视来球，当球接近头部到合适距离时，两脚蹬地发力，挺胸，展腹，头稍后仰，在头接触球的瞬间，含胸，收腹，用前额正面顶球的中部，将球顶出到指定位置（图 3-52）。

图 3-51 前额正面头球触球部位

第三章 大众体育球类运动主要技术及体能要求

图 3-52 原地前额正面头球

② 原地跳起前额正面头球。

原地跳起前额正面头球的技术动作要领：双脚左右开立，约与肩同宽，两膝稍屈，重心落在两脚间，目视来球，当球接近头部到合适距离时，两脚蹬地发力跳起，挺胸，展腹，头稍后仰，在头接触球的瞬间，含胸，收腹，颈部瞬间发力，用前额正面顶球的中部，将球顶出到合适位置（图3-53）。

图 3-53 原地跳起前额正面头球

③ 跑动前额正面头球。

跑动前额正面头球的技术动作要领：身体正对来球方向，快速移动到落点位置，两膝稍屈，重心落在两脚间，目视来球，当球接近头部到合适距离时，两脚蹬地发力，挺胸，展腹，头稍后仰，在头接触球的瞬间，含胸，收腹，用前额正面顶球的中部，将球顶出到合理位置。

④ 跑动跳起前额正面头球。

跑动跳起前额正面头球的技术动作要领：身体正对来球方向，快速移动到落点位置，两膝稍屈，重心落在两脚间，目视来球，当球接近头部到合适距离时，两脚蹬地发力跳起，挺胸，展腹，头稍后仰，在头接触球的瞬间，含胸，收腹，用前额正面顶球的中部，将球顶出到既定位置。

⑤前额正面鱼跃头球。

前额正面鱼跃头球的技术动作要领：迅速判断来球落点，双脚蹬地发力，身体以接近水平的状态向来球方向跃出，同时两臂前伸，双掌向下，注视来球方向，最后借助身体的前冲力，用前额正面将球顶出。顶球后，两手首先着地进行缓冲，然后胸部、腹部和大腿依次着地（图3-54）。

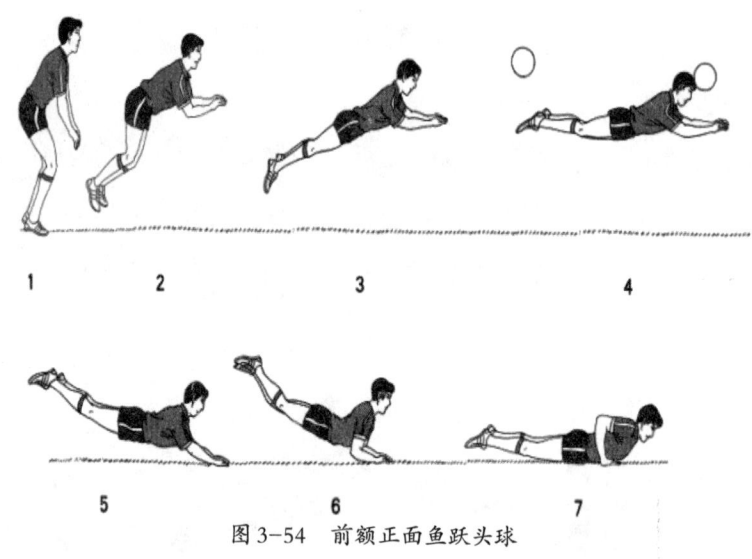

图3-54 前额正面鱼跃头球

⑥前额正面向后蹭球。

前额正面向后蹭球的技术动作要领：目视来球，双脚蹬地发力跳起，两臂微屈在身体两侧张开，当球接近头部时，挺胸，展腹，用前额正面蹭击球的下部，使球向身后既定方向飞出。

（2）前额侧面头球。

①原地前额侧面头球。

原地前额侧面头球的技术动作要领：双脚左右开立，约与肩同宽，两膝稍屈，重心落在两脚间，目视来球，当球接近头部到合适距离时，两脚蹬地发力，上体向出球方向扭摆，同时用力向出球方向甩头，用前额侧面（图3-55）顶球的后中部，将球顶出去。

图3-55 前额侧面头球顶球部位

② 跑动前额侧面头球。

跑动前额侧面头球的技术动作要领：迅速跑动到来球落点，目视来球，当球接近头部到合适距离时，两脚蹬地发力，上体向出球方向扭摆，同时用力向出球方向甩头，用前额侧面顶球的后中部，将球顶出至理想位置。

③ 跳起前额侧面头球。

跳起前额侧面头球的技术动作要领：迅速移动到球落点，目视来球，当球接近头部到合适距离时，两脚蹬地跳起，身体向出球方向扭摆，同时用力向出球方向甩头，用前额侧面顶球的后中部，将球顶至预定位置（图3-56）。

图3-56　跳起前额侧面头球

2. 足球头球技术的体能要求

头球技术是足球运动最基本的技术之一，在足球比赛中经常被使用。头球时，运动员需快速移动到合理位置，迅速判断落点，全身协调发力，才能最终完整地完成头球这项技术。

可见，头球技术对足球运动员的体能要求还是比较高的，既需要运动员拥有良好的速度质素和力量素质，又要求运动员具有一定的协调素质和快速反应能力，只有具备了这些素质和能力，运动员才能在比赛中非常好地施展头球技术。

因此，在足球体能训练中，要重视对力量、速度、柔韧等素质的训练，以满足头球技术的体能要求，为头球技术的顺利应用做好准备。

第四节 乒乓球运动的主要技术及体能要求

一、乒乓球运动概述

（一）乒乓球运动的起源

乒乓球起源于英国。19世纪末，欧洲盛行网球运动，但深受场地与天气的影响，经常因为下雨等天气原因而不能进行。于是在英国有些运动员便把网球转移到室内进行，最初是用软木塞当球进行游戏。后来，英国人詹姆斯·吉布发现用赛璐珞制成的空心球弹性更好，更便于游戏，因此，就用这种赛璐珞球代替了软木球，经过一段时间的演变，这种游戏有了规则和规范的运动器械，逐渐演变成一项风靡世界的体育运动项目，由于在进行这项运动时会出现"ping-pong"声，因此该运动被命名为乒乓球。

（二）乒乓球运动的特点

1. 多变性

乒乓球运动的多变性特点指在乒乓球比赛中，运动员应用的技术、战术十分复杂，呈现出变化万千、难以预料的态势。

2. 大众性

大众性指乒乓球的参与群众多，从少年到老年，不同地域、不同职业及不同性别的人都热爱参与乒乓球这项运动。

3. 娱乐性

乒乓球运动还具有娱乐性的特点，人们在参与乒乓球运动时，往往会被这项运动的魅力所吸引，不知不觉中便会融入这项运动，乐在其中。

4. 健康性

人们在参与乒乓球运动时，运动量和强度可以根据自身的健康情况进行调整，适当的运动负荷有促进身心健康的作用。

5. 地域性

现在乒乓球的领先位置属于亚洲，欧洲紧跟其后，在其他大洲，乒乓球运动发展还并不是非常理想，因此，乒乓球运动具有地域性特点。

二、乒乓球运动主要技术与体能要求

(一)发球技术与体能要求

1. 发球技术要领

(1)正手发不转球。

正手发不转球技术是乒乓球发球的基本技术之一。正手发不转球的技术动作要领(以右手持拍为例)如下。

正手发不转球时:首先呈乒乓球的基本姿势,在球拍接触球时,不用拍面摩擦球,而是用拍面推球的中下部进行发球(图3-57)。

图3-57 正手发不转球

击球后:迅速恢复到基本姿势,为下一次击球做好准备。

(2)正手发奔球。

正手发奔球技术也是一项乒乓球发球技术。乒乓球正手发奔球的技术动作要领(以右手持拍为例)如下。

正手发奔球时:右手持球拍,保持手腕放松,当球拍接触球时,击打球的中部后,迅速向上方摩擦球,发力要短,速度要快,以确保球过网后继续保持旋转,并在接触球台后前冲(图3-58)。

图3-58 正手发奔球

击球后:迅速恢复到基本姿势,为下一次击球做好准备。

(3)正手发回旋球。

正手发回旋球技术是乒乓球运动常用的发球技术之一。正手发回旋球的技术动作要领（以右手持拍为例）如下。

发回旋球时：主要是将拍面稍放平，利用拍面的摩擦力，接触球下中部，将球发出（图3-59）。但一定要注意从拍面偏左的位置摩擦球，接触时间越长，球的回旋程度越大。

图3-59 正手发回旋球

击球后：迅速恢复到基本姿势，为下一次击球做好准备。

（4）正手发侧上旋球。

正手发侧上旋球技术在乒乓球运动经常被使用。正手发侧上旋球的技术动作要领（以右手持拍为例）如下。

正手发侧上旋球时：首先呈乒乓球的基本姿势，两脚前后开立，左脚稍向前，右手持拍于胸腹部前，左手抛球后，右手将球拍伸进来球的下方，在球拍接触球的瞬间，发力使球拍从球的后侧方开始向上迅速摩擦，让球在快速旋转中越过球网，落在对方的球台上（图3-60）。

图3-60 正手发侧上旋球

击球后：迅速恢复到基本姿势，为下一次击球做好准备。

（5）反手发回旋球。

反手发回旋球技术是乒乓球运动非常重要的技术之一。反手发回旋球的技术动作要领（以右手持拍为例）如下。

反手发回旋球时：将反拍面稍放平，利用反拍面的摩擦力，迅速接触球下中部，将球发出。其与正手发回旋球的主要区别是用反拍面迎球，相同之处是用反拍面偏左的位置摩擦球，接触时间越长，球的回旋程度越大。

击球后:迅速恢复到基本姿势,为下一次击球做好准备。

2. 乒乓球发球技术的体能要求

发球是乒乓球比赛的起点,也是赢得胜利非常重要的环节之一。只有拥有过硬的发球技术,才能在比赛中迷惑对方,获得比赛的先机。发球还是挽回不利局面的重要手段,通过落点不同、旋转程度不同的发球,能给对手造成极大的心理压力,进而影响其心态,为翻盘赢得良好的时机。

好的发球技术需要速度、力量、灵敏性等运动素质的协调配合。速度、力量和协调性是高质量发球的重要基础,其决定着发球旋转的剧烈程度,势大力沉的发球容易摧毁对手的信心,利于取得比赛的胜利。良好的反应能力是判断对手发球的旋转方式、速度、落点等情况的重要前提,其对接发球的成功率具有决定性影响。此外,乒乓球运动还需要有一定的耐力水平,以确保在比赛最后技术动作不变形。

乒乓球运动对运动员提出了很高的体能要求,这些要求对运动员竞技水平的提高和优异的运动成绩的获得具有重要意义。因此,在乒乓球体能训练中,一定要注重对力量素质、速度素质、灵敏素质及耐力素质等体能素质的训练,确保自身的运动素质能满足乒乓球发球技术的客观需要。

(二)攻球技术与体能要求

1. 攻球技术要领

(1)正手快攻。

正手快攻技术是乒乓球不可或缺的基本技术之一。正手快攻的技术动作要领(以右手持拍为例)如下。

击球前:两脚前后开立,约与肩同宽,左脚在前,身体与球台保持适当距离,来球时,将球拍引至身体右侧,肘关节微屈,球拍半横,拍面稍向下倾斜,目视来球方向,准备击球。

击球时:身体向左旋转,面向来球,看到球碰台弹起后,挥动右前臂并带动手腕迅速向来球的上方挥动,同时拇指压拍,手腕内旋,在上升期或最高点击打球的中上部完成击球(图3-61)。

图3-61 正手快攻

击球后:迅速恢复到基本姿势,为下一次击球做好准备。

(2)正手拉球。

正手拉球技术是一项乒乓球攻球的重要技术。正手拉球的技术动作要领(以右手持拍为例)如下。

击球前:两脚平行站位,左脚稍向前,右手持拍于胸前,左侧手臂微屈置于身体左侧,身体与球台保持适当距离,目视来球方向,时刻准备拉球。

击球时:身体先向右旋转引拍,拍面与球台面保持近似平行,当来球下落到球网高度左右时,向左转体带动右臂向前方伸出,同时前臂随身体向前,当球拍在体侧接触球时,用手腕发力控制球拍摩擦球的中下部,然后继续向左上方提拉,使球快速过网后落在对方球台上(图3-62)。

击球后:迅速恢复到基本姿势,为下一次击球做好准备。

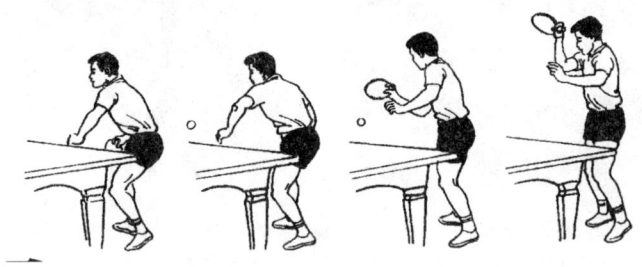

图3-62 正手拉球

(3)正手扣杀。

正手扣杀技术是乒乓运动中最重要的进攻手段。正手扣杀的技术动作要领(以右手持拍为例)如下。

击球前:两脚前后开立,约与肩同宽,左脚在前,两膝稍屈,重心降低,放在右脚上,左手臂微屈并放在身体左侧,右前臂内旋,右手持球拍于胸前,让球拍前倾,目视来球方向,准备击球。

击球时:身体向左侧旋转,同时随着旋转在身体右侧打开右前臂,横拍向前扣击球的中上部,随后右大臂向左上方挥动,右手腕内旋加力,增强扣球效果,使来球过网落在对面球台上(图3-63)。

图 3-63 正手扣杀

击球后：迅速恢复到基本姿势，为下一次击球做好准备。

2. 乒乓球攻球技术的体能要求

攻球是乒乓球运动中最为重要的进攻技术。当今乒乓球技术发展迅速，新的技术层出不穷，攻防转换速度也在不断加快，因此，不能只进行技术训练，还要在体能训练中找到技术提高的突破口。

乒乓球攻球技术对于力量素质、速度素质、耐力素质和柔韧性都有较高要求。这些运动素质都是影响乒乓球技术的重要因素。特别是力量素质和速度素质，这两种运动素质决定着攻球的旋转、速度和落点。此外，耐力素质等其他体能素质也会对乒乓球攻球技术产生影响，因此，必须加强对运动员各方面运动素质的训练。

（三）搓球技术与体能要求

1. 搓球技术要领

（1）快搓。

快搓技术动作要领（以右手持拍为例）：两脚前后开立，右脚在前，用右手持拍，反拍向来球方向迎球，右手腕发力，持球拍在来球的上升期，快速摩擦来球的中下部，使来球在回旋的状态下越过球网，落在对方球台上。

击球后：迅速恢复到基本姿势，为下一次击球做好准备。

（2）慢搓。

慢搓技术动作要领（以右手持拍为例）：两脚前后开立，右脚在前，用右手持拍，反拍向来球方向迎球，右手腕发力，持球拍在来球的上升期，缓慢摩擦来球的中下部，使来球在回旋的状态下越过球网，落在对方球台上。

击球后：应顺势将球拍向前送一小段距离后，迅速恢复到基本姿势，为下一次击球做好准备。

（3）搓不转球。

搓不转球技术动作要领（以右手持拍为例）：两脚前后开立，右脚在前，用右手持拍，反拍向来球方向迎球，右手腕发力，在来球的上升期用球拍的上部搓球，使来球在不转的状态下越过球网，落在对方球台上。

击球后：迅速恢复到基本姿势，为下一次击球做好准备。

（4）搓转球。

搓转球技术动作要领（以右手持拍为例）：两脚前后开立，右脚在前，用右手持拍，反拍向来球方向迎球，在来球的上升期，小臂和手腕向前上方发力，快速摩擦来球的下部，使来球快速旋转越过球网，落在对方球台上。

击球后：迅速恢复到基本姿势，为下一次击球做好准备。

2. 乒乓球搓球技术的体能要求

搓球是乒乓球运动的一项基本技术，但却有很强的使用价值。搓球时，要求运动员精力高度集中，并且移动要迅速，出手要果断。拥有高超的搓球技术是挽回不利局面的重要保障，稳扎稳打地应用搓球技术能提升自信，变被动为主动，牢牢掌控比赛的主动权。

在乒乓球体能训练中，要重视与搓球相关运动素质的训练。这些运动素质既包括了决定人体爆发力的力量素质及影响运动反应的灵敏素质，还包括能保证技术动作完美呈现的耐力素质和协调素质。这些素质都是搓球技术要求的核心素质，同时也是影响比赛的主要因素。

（四）削球技术与体能要求

1. 削球技术要领

（1）正手远削。

正手远削的技术动作要领（以右手持拍为例）：身体重心前倾，由右侧上方向前下方挥拍，球拍向后仰，挥拍呈圆弧路线，在球的下降期触球的中下部，使球越过球网，落入对方球台远端。

球被削出后，球拍随惯性前摆，运动员迅速恢复到基本姿势，为下一次击球做好准备。

（2）正手近削。

正手近削的技术动作要领（以右手持拍为例）：身体重心前倾，由右侧上方向前下方挥拍，球拍向后仰，挥拍呈圆弧路线，在球的下降期触球的中下部，使球越过球网，落入对方球台近端。

球被削出后，球拍随惯性前摆，运动员迅速恢复到基本姿势，为接下来的动作做好准备。

（3）反手远削。

反手远削的技术动作要领（以右手持拍为例）：身体重心前倾，由左侧上方向前下方挥拍，球拍向后仰，挥拍呈圆弧路线，用反拍在球的下降期触球的中下部，使球越过球网，落入对方球台远端。

球被削出后，球拍随惯性前摆，运动员迅速恢复到基本姿势，为下一次击球做好准备。

（4）反手近削。

反手近削的技术动作要领（以右手持拍为例）：身体重心前倾，由左侧上方向前下方挥拍，球拍向后仰，挥拍呈圆弧路线，用反拍在球的下降期触球的中下部，使球越过球网，落入对方球台近端。

球被削出后，球拍随惯性前摆，运动员迅速恢复到基本姿势，为接下来的动作做好准备。

2.乒乓球削球技术的体能要求

削球的稳定性较高，回球不易出台，还可以通过不断变化的落点和旋转，持续地消耗对方运动员的体能，进而创造取胜的机会。若削球技术和其他技术结合，还能发挥出更大的威力。

因为削球的稳定性强，在比赛中经常形成多拍，对运动员的耐力素质具有一定的考验，所以，在乒乓球体能训练中，应特别重视对耐力素质的训练。通过对耐力素质和其他运动素质的训练，运动员会拥有良好的体能，有利于应对训练和比赛中出现的艰苦局面。

（五）弧圈球技术与体能要求

1.弧圈球技术要领

（1）正手拉加转弧圈球。

正手拉加转弧圈球的技术动作要领（以右手持拍为例）如下。

拉球前：两脚平行站位，左脚稍向前，右手持拍于胸前，左侧手臂微屈，置于身体左侧,身体与球台保持适当距离,目视来球方向,时刻准备拉球。

拉球时:当看到球触台弹起时,右脚蹬地发力,身体左转带动上臂、小臂随之向前上方挥出,手腕发力,持拍击球的中上部,回球至对方球台上。

拉球后:身体重心移至前脚,挥拍至身体左前方后,迅速恢复为基本姿势,为下次的击球做好准备。

(2)正手拉前冲弧圈球。

正手拉前冲弧圈球的技术动作要领(以右手持拍为例)如下。

拉球前:两脚平行站位,左脚稍向前,右手持拍于胸前,左侧手臂微屈,置于身体左侧,身体与球台保持适当距离,目视来球方向,时刻准备拉球。

拉球时:当看到球触台弹起时,右脚蹬地发力,身体左转带动上臂、小臂随之向前上方挥出,手腕发力,持拍提拉球的中上部,将球击出。应该注意的是,拉前冲弧圈球的拍面倾斜角度要比拉加转弧圈球的大。

拉球后:身体重心移至前脚后,迅速后撤,恢复为基本姿势,为接下来的动作做好准备。

(3)反手拉弧圈球。

反手拉弧圈球的技术动作要领(以右手持拍为例)如下。

拉球前:两脚左右开立,右脚稍向前,身体稍前倾,右手持拍于腹部前,球拍前倾。

拉球时:当来球弹起时,以肘关节为轴,小臂快速向来球方向挥出,手腕外展发力击球的中部或中上部。

拉球后:迅速恢复到基本姿势,为下一次击球做好准备。

2. 乒乓球弧圈球技术的体能要求

弧圈球技术是乒乓球比赛中重要的进攻技术之一,具有力量大、旋转快、线路多变的特点,是克敌制胜的有效工具。但弧圈球技术对运动员的体能要求很高,除了要求运动员有很强的力量素质和速度素质外,还要求运动员要有良好的耐力、瞬间的爆发力和快速的反应能力。

在乒乓球体能训练中,特别要重视对运动员力量素质和速度素质的训练,同时也要关注其耐力素质和灵敏素质等。针对运动员个体的不同特点,还要采取具有针对性的训练方法加以训练,力争弥补运动员在体能上的劣势,增加优势,为进一步的体能训练和获得良好的运动成绩打下基础。

第五节　羽毛球运动的主要技术及体能要求

一、羽毛球运动概述

（一）羽毛球运动的起源

现代羽毛球运动起源于印度，形成于英国。早在 19 世纪中叶，退役的英国士兵就将一种类似羽毛球运动的游戏从印度带回了英国。这种游戏经过不断的发展、演变，逐渐形成了羽毛球运动。1893 年，世界上最早的羽毛球协会在英国成立。1899 年，世界第一次羽毛球锦标赛——全英羽毛球锦标赛在英国举行，标志着羽毛球运动进一步向国际化发展。现在，羽毛球已经成为一项风靡全球的时尚运动项目。

（二）羽毛球运动的特点

1. 群众性

羽毛球运动具有群众性的特点。羽毛球运动在世界各国拥有众多的参与者，无论是在欧洲、亚洲还是在南、北美洲都能找到人们参与羽毛球运动的身影。

2. 观赏性

羽毛球的技术动作要求快而有力、精准。运动员在羽毛球比赛中，将力与美、动与静有机结合，为众多观众奉献了一场视觉盛宴。

3. 国际性

国际性指羽毛球运动具有广泛的国际影响力，每年不同国家、不同体育组织都举行数次羽毛球比赛。羽毛球运动已经成为国与国之间交流的重要纽带。

4. 简便性

羽毛球这项运动上手难度小，开展场地要求低，运动器械简单、经济，是随时随地都可以开展的运动项目。

5. 健身性

羽毛球运动还有很强的健身性特点。人们通过参与羽毛球运动，可以促进新陈代谢，增强免疫力，缓解压力，从而有效提高人体健康水平。

二、羽毛球运动主要技术与体能要求

(一) 发球技术与体能要求

1. 发球技术要领

(1) 正手发网前球。

正手发网前球是羽毛球发球的一项重要技术,其技术动作要领(以右手持拍为例)如下。

发球前:身体右侧朝向发球方向,左手持球,当球离开手自然下落时,右臂随身体转动右旋,带动前臂做引拍动作,同时左手随引拍动作收回于身体左侧,当身体右侧正对发球方向时准备击球。

发球时:主要靠右手腕发力,以右手手指来控制力度,用拍面将球轻松送出,使球贴网而过,落在对面接、发球区域中(图3-64)。应该注意的是,在击球的瞬间,一定要控制好力度,避免力量过大或过小引起的发球失误。

图3-64 正手发网前球

发球后:右手持拍向前随挥,使球拍挥至左肩后上方,然后快速回归到合适位置,为接下来的击球做好准备。

(2) 正手发后场高远球。

正手发后场高远球是羽毛球运动的一项重要技术,其技术动作要领(以右手持拍为例)如下。

发球前:身体右侧朝向发球方向,左手持球,当球离开手自然下落时,右臂随身体转动右旋,带动前臂做引拍动作,同时左手随引拍动作收回于身体左侧,当身体右侧正对发球方向时准备击球。

发球时:动作和正手发网前球基本一致,但引拍幅度和挥拍力度要更大些(图3-65)。

图 3-65　正手发后场高远球

发球后：右手持拍向前随挥，使球拍挥至左肩后上方后，然后迅速回归到合适位置，为接下来的动作做好准备。

（3）反手发网前球。

反手发网前球是羽毛球发球的一项常用技术，其技术动作要领（以右手持拍为例）如下。

击球前：双脚前后开立，约与肩同宽，左脚在后，右脚在前，左脚跟稍抬起，重心落在右脚上，右脚尖靠近发球线，右手持球拍放于腹部前，屈肘，腕关节内屈，准备击球。

击球时：右手持球拍后引至身体左侧，左手放球，右侧大臂向上抬起，伸肘带动右手腕向前伸，最后利用手指的力量，用球拍反面将球击出去，球的运行轨迹最好是贴网而过但又落在对方接、发球区内（图3-66）。

图 3-66　反手发网前球

击球后：右手持拍向前随挥一小段后，迅速回归到合适位置，为接下来的动作做好准备。

（4）反手发后场平高球。

反手发后场平高球是羽毛球发球的基本技术之一。反手发后场平高球的技术动作要领（以右手持拍为例）如下。

击球前：双脚前后开立，大约与肩同宽，左脚在后，右脚在前，左脚跟稍抬起，重心落在右脚上，右脚尖靠近发球线，右手持球拍放于腹部前，屈肘，腕关节内屈，准备击球。

击球时：前臂内旋，左手放球，右前臂以肩关节为轴外展，带动手腕向前做半弧形动作，触球时，手腕发力，用反拍面向对方场地后方将球击出。反手发后场平高球时，应注意控制落点，避免发球出界。

击球后：以制动结束发力动作，然后快速回归到合适位置，为接下来的动作做好准备。

2. 羽毛球发球技术的体能要求

发球技术是羽毛球运动必不可少的重要技术之一。发球技术的优劣对比赛的胜负有决定性影响。发球技术出色，能大大提升得分率，降低失误率，较好地掌控比赛的主动权。

羽毛球发球技术本质上是一项集力量、速度、灵敏性为一体的关键技术，对运动员体能的要求很高。因此，为确保发球技术在羽毛球比赛中的成功应用，必须加强运动员各项体能素质的训练，如力量素质、速度素质和灵敏素质的训练。此外，羽毛球是一项有氧运动，所以有必要对运动员的耐力素质加以训练。

（二）击球技术与体能要求

1. 击球技术要领

（1）正手击高远球。

正手击高远球是羽毛球比赛中经常使用的技术之一，其技术动作要领（以右手持拍为例）如下。

击球前：两脚前后开立，约与肩同宽，右脚在前，重心落在右脚上，左臂高举，眼睛注意来球方向，右手臂屈肘，自然举拍在右肩上方，拍面向左，拍颈垂直于地面，做好击球准备。

击球时：右脚蹬地发力，重心前移，转髋向前，右手臂以肩关节为轴做鞭打动作，最后在蹬地、转体、转轴、甩腕的协调用力下，将来球在最高点位置向对方后场击出，使球落在对方后场内（图3-67）。

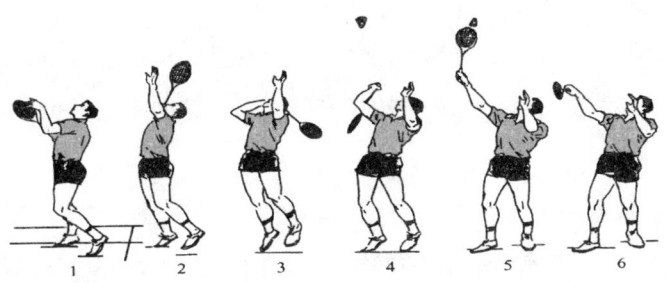

图3-67 正手击高远球

击球后：右手臂持拍随挥后放于体前，然后快速回归到合适位置，为接下来的击球做好准备。

（2）反手击高远球。

反手击高远球是一项重要的羽毛球运动技术。反手击高远球的技术动作要领（以右手持拍为例）如下。

击球前：迅速到达来球落点位置，右脚前交叉向左脚左前方跨步，背对来球，重心落在右脚上，肘关节抬起到肩部高度以上，右手腕内扣，球拍约置于左肩前，拍面朝下，做好击球准备。

击球时：以右侧肘部为支点，右前臂带动右手腕，通过腕关节的向后抖动和大拇指的迅速侧压，甩臂将球击出（图3-68）。

图3-68 反手击高远球

击球后：左脚支撑身体，右脚蹬地左转收回，顺势转体使身体面向球网，然后快速回归到合适位置，为接下来的动作做好准备。

（3）正手吊球。

正手吊球是羽毛球运动的基本技术之一，具有重要的实用价值，其技术动作要领

（以右手持拍为例）如下。

击球前：两脚前后开立，约与肩同宽，右脚在前，重心落在右脚上，左臂高举，注意来球方向，右手臂屈肘，自然举拍在右肩上方，拍面向左，拍颈垂直于地面，做好击球准备。

击球时：右脚蹬地发力，重心前移，转髋向前，右手臂以肩关节为轴做鞭打动作，最后在蹬地、转体、转轴、甩腕的协调用力下，将来球在最高点位置向对方后场吊出。接触球时，拍面稍向内倾斜，手腕做快速切削、下压的动作，理想位置是击球托的后部和侧后部（图3-69）。

图3-69 正手吊球

击球后：右手臂持拍随挥后放于体前，然后快速回归到合适位置，为接下来的动作做好准备。

（4）反手吊球。

反手吊球对于羽毛球比赛来说，是一项极为重要的技术，其技术动作要领（以右手持拍为例）如下。

击球前：迅速到达来球落点位置，右脚前交叉向左脚左前方跨步，背对来球，重心落在右脚上，肘关节抬起到肩部高度以上，右手腕内扣，球拍约置于左肩前，拍面朝下，做好击球准备。

击球时：如果是吊斜线球，用球拍反面切削球托的左侧将球击出，落点约在对方左场区前发球线处；如果是吊直线球，则用球拍反面切削球托的后中部将球击出，落点约在对方发球线处（图3-70）。

图 3-70 反手吊球

击球后：左脚支撑身体，右脚蹬地左转收回，顺势转体使身体面向球网，然后快速回归到合适位置，为接下来的击球做好准备。

（5）后场正手杀球。

后场正手杀球是羽毛球运动最为重要的一项进攻技术，其技术动作要领（以右手持拍为例）如下。

击球前：两脚前后开立，约与肩同宽，右脚在前，重心落在右脚上，左臂高举，注意来球方向，右手臂屈肘，自然举拍在右肩上方，拍面向左，拍颈垂直于地面，做好击球准备。

击球时：迅速移动到来球落点位置，双脚蹬地跳起，身体呈反弓形，在空中收腹发力，右臂上抬，以肩关节为轴做鞭打动作，快速扣腕，在最高点位置将来球向对方后场击出（图3-71）。

图 3-71 后场正手杀球

击球后：右手臂持拍随挥后置于体前，然后快速回归到合适位置，为接下来的动作做好准备。

（6）后场反手杀球。

后场反手杀球也是羽毛球运动一项重要的进攻技术，其技术动作要领（以右手持拍为例）如下。

击球前：快速移动到落点位置，右脚向左侧前方迈出一步，右手臂屈肘上抬，前臂内旋，腕关节内屈，左脚跟稍抬起，引拍至左肩后。

击球时：左脚蹬地发力，髋关节向右侧旋转，前臂外旋挥拍，腕关节外展，击球的后下部以完成击球。

击球后：以制动结束发力动作，然后快速回归到合适位置，为接下来的击球做好准备。

（7）正手平抽球。

正手平抽球在羽毛球运动中经常被使用，是一项基本技术，其技术动作要领（以右手持拍为例）如下。

击球前：两脚左右开立，约与肩同宽，身体右倾，左侧肩膀正对球网，重心落在右脚上，右手持拍于右肩上方，拍颈约与地面垂直，左臂微屈，正对来球方向。

击球时：身体左转，右前臂带动手腕由下向左抽球，左侧手臂随身体转动，帮助身体保持稳定（图3-72）。

图3-72　正手平抽球

击球后：将重心收回于两脚间，然后快速回归到合适位置，为接下来的击球做好准备。

（8）反手平抽球。

反手平抽球是与正手平抽球相反的技术动作。反手平抽球的技术动作要领（以右手持拍为例）如下。

击球前：快速移动到来球落点位置，左脚向身体左侧后方迈出半步或一步，右手臂屈肘上抬高过右肩，前臂内旋，腕关节内屈，引拍至左肩上方，重心落在左脚上。

击球时：左脚蹬地发力，身体向右旋转，左臂微屈，置于胸前，随身体转动，右前臂外旋，右腕外展，击球的后下部以完成击球动作。

击球后：快速回归到合适位置，为接下来的动作做好准备。

（9）正手放网前球。

正手放网前球对羽毛球运动十分重要，是比赛中的常用技术之一，其技术动作要领（以右手持拍为例）如下。

击球前：身体正对球网站立，两膝稍屈，重心在两脚之间，来球时，右脚向网前跨一大步，正手持拍向前上方斜举准备击球。

击球时：右臂自然前伸，前臂稍外旋，接球后腕关节由伸至内收，食指和拇指掌控球拍，在手腕和手指的发力下，击打球托底部，将球轻送过网落入对方场内（图3-73）。

图3-73 正手放网前球

击球后：将重心收回于两脚间，然后快速回归到合适位置，为接下来的击球做好准备。

（10）反手放网前球。

反手放网前球和正手放网前球的技术动作相似。反手放网前球的技术动作要领（以右手持拍为例）如下。

击球前：身体正对球网站立，两膝稍屈，重心在两脚之间，来球时，右脚向网前跨一大步，反手持拍向前上方斜举准备击球。

击球时：大臂前伸，前臂前伸并外旋，手腕由内收变为外展，反拍迎球，轻击球托底部把球轻送过网。

击球后：将重心收回于两脚间，然后快速回归到合适位置，为接下来的动作做好准备。

（11）正手搓球。

正手搓球是羽毛球运动一项重要的基本技术。正手搓球的技术动作要领（以右手持拍为例）如下。

击球前：身体正对球网站立，两膝稍屈，重心在两脚之间，来球时，右脚向网前跨一大步，正手持拍向前上方斜举准备击球。

击球时：迅速将球拍举至最高点，前臂稍外旋，手腕由伸变为稍内收，搓来球的右下部，使来球翻滚过网落在对方场地内（图3-74）。

图3-74　正手搓球

击球后：将重心收回于两脚间，然后快速回归到合适位置，为接下来的击球做好准备。

（12）反手搓球。

反手搓球是羽毛球运动一项重要的网前技术，其技术动作要领（以右手持拍为例）如下。

击球前：身体正对球网站立，两膝稍屈，重心在两脚之间，来球时，右脚向网前跨一大步，反手持拍向前上方斜举准备击球。

击球时：右前臂外旋，右腕由内收变为外展，反拍迎球，搓球托的右后侧底部，使球侧旋滚过网落入对方场地内（图3-75）。

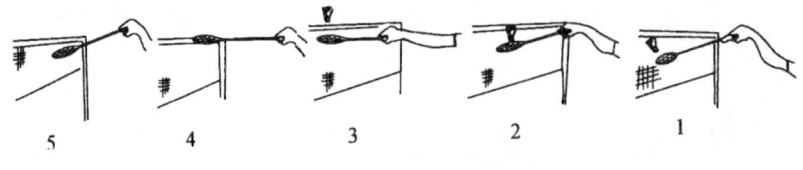

图3-75　反手搓球

击球后：将重心收回于两脚间，然后快速回归到合适位置，为接下来的击球做好准备。

2. 羽毛球击球技术的体能要求

各种击球技术的合理应用有利于取得羽毛球比赛的胜利。羽毛球击球技术对运动员的体能有很高的要求。

无论是高远球、吊球、杀球还是平抽球，都需要运动员具有良好的力量素质、速度素质和灵敏素质。而网前球技术也需要运动员具有灵活的步法和迅速的反应，接杀球技术对速度素质和灵敏素质要求更高。此外，羽毛球比赛时间较长，强度较大，需要运动员具有一定的耐力素质。

综上，羽毛球的击球技术对运动员体能的要求是综合的，羽毛球运动员应该在力量、速度、耐力、灵敏性等运动素质上都具有较高的水平。因此，在羽毛球体能训练中，除了根据运动员个体特点进行针对性训练外，应全面提高羽毛球运动员的各项运动素质，为比赛做好充分准备。

第六节　网球运动的主要技术及体能要求

一、网球运动概述

（一）网球运动的起源

网球运动起源于法国。在 12～13 世纪，在法国传教士中流行着一种用手掌击球的游戏，这种游戏以布包裹头发为球，两名参与者戴着手套将"球"在一条线两侧打来打去。这种游戏也出现在法国宫廷。经过几个世纪的发展，网球已经成为一项世界流行的运动项目。四大网球公开赛是著名的网球比赛，包括温布尔顿网球公开赛、美国网球公开赛、法国网球公开赛和澳大利亚网球公开赛。

（二）网球运动的特点

1. 观赏性

网球是极具观赏性的运动项目，运动员在网球场上，充分运用自己的高超技术，在球场上为世界人民奉献出精彩的体育竞技。

2. 娱乐性

网球运动还具有娱乐性的特点，娱乐性指人们在参与网球运动的过程中，能够愉悦身心，获得良好的情绪体验。

3. 世界性

因为网球运动是世界性的运动项目，四大网球公开赛不但吸引了各国运动员积极参与，而且深受各国人民的喜爱。

4. 职业性

随着网球运动的职业化发展，其职业性特点愈加明显，不但涌现了许多著名的职业运动员，而且产生了越来越多的职业网球比赛。

5. 消费性

网球运动的消费性特点指网球运动是一项消费性的体育项目，无论是运动装备还是场地使用，都需要有较高水平的消费。

二、网球运动主要技术与体能要求

（一）发球技术与体能要求

1. 发球技术要领

（1）平击发球技术。

平击发球技术是网球比赛中常用的发球技术之一，也是所有发球技术类型中球速最快的，被世界优秀选手普遍采用。此技术虽然发球力量大，球速较快，但是其成功率比其他发球技术低。网球的平击发球的技术动作要领（以右手持拍为例）如下。

发球前：全身肌肉放松，侧身站立于发球线外中场标记旁。左肩对准网柱左边，右手持拍于胸腹前，两脚前后开立，左脚在前，身体面向右侧网柱，两脚分开大约同肩宽，重心放在左脚上，左肩正对发球方向，左脚与本方端线约成45度角。

发球时：左手自下而上达到头部高度时将球向上抛出，进而髋关节带动重心向前，左脚蹬地发力，右脚向前迈步，同时转肩，右臂充分向前上方伸出，在达到最高点时，击球的后中上部，击球瞬间，拍面约与地面垂直（图3-76）。

图3-76 平击发球

发球后：右臂继续外旋，让球拍随挥到身体的左前方，然后恢复准备姿势，为接下来的接球或上网截击做好准备。

（2）切削发球技术。

切削发球技术是网球运动一项重要的基本技术。切削发球的落点变化大，飞行轨迹较难判断，因此，在网球比赛中经常被使用。网球切削发球的技术动作要领（以右手持拍为例）如下。

切削发球技术的准备姿势和平击发球基本相同，但在发球时，要求挥拍必须足够用力，击球瞬间，用球拍迅速切削球的侧后方，使球产生快速旋转。

击球后，球拍随挥至左前方，身体顺势向前跟进，迅速恢复基本姿势，为接下来的动作做好准备。

（3）旋转发球技术。

旋转发球技术是网球比赛重要的得分手段，同时也是一项难度较大的网球技术，其技术动作要领（以右手持拍为例）如下。

准备姿势和平击球发球相同，但应该注意的是，旋转发球的抛球要更加靠近身体，击球时，用身体转动和手腕扣击动作产生的力量，在头部后侧偏左的位置击球，球的落点以尽量靠近边线为宜。

击球后，球拍随挥至左前方，身体顺势向前跟进，然后迅速恢复基本姿势，为接下来的击球做好准备。

2. 网球发球技术的体能要求

发球是网球比赛的开始，也是重要的得分手段之一。发球技术的合理运用，关系着比赛的成败。如果发球技术不佳，就很容易被对手防守，给接下来的比赛带来困难。

发球需要身体各部位协调用力，发球的力量和速度决定着发球的成功率，因此必须认真做好体能训练，只有有效地提升运动素质，才能确保发球技术的顺利实施。

网球的发球技术对体能素质的要求很多，但最为主要的是力量素质和速度素质，因此，在平时的体能训练中，要着重对这两种素质进行训练，但训练时也要注意循序渐进，尽量避免因训练负荷过大引起的运动损失。

（二）击球技术与体能要求

1. 击球技术要领

（1）正手击球。

正手击球是网球接、发球和打底线球的一项重要技术，其技术动作要领（以右手持拍为例）如下。

击球前：双脚前后开立，约与肩同宽，左脚与本方端线约成45度角，右脚与底线平行站立，左肩正对来球方向，左臂稍屈并前伸。来球时，右手引拍至身体后侧，拍头朝后，拍面放平并稍高于手腕。

击球时：目视来球，以左脚为轴，迅速转体，大臂带动前臂、手腕和球拍迎击球的水平轴后部完成击球（图3-77）。

图3-77　正手击球

击球后：右手持拍向前随挥，使球拍挥至左肩后上方，然后快速恢复到准备姿势，为接下来的击球做好准备。

（2）单手反手击球。

单手反手击球又被称为"单反"，是接、发球的重要技术之一。网球单手反手击球的动作要领（以右手持拍为例）如下。

首先呈网球运动的准备姿势。来球时，向左前方迈右脚，以左脚为轴向左侧转体，使身体右侧朝向来球方向，并呈右手反手握拍姿势，同时向左后侧引拍至与身体平行处，左手轻扶拍颈，在右脚侧前方击球的中下部完成击球（图3-78）。

图3-78　单手反手击球

击球后,将球拍随挥到右肩上方,然后快速恢复到准备姿势,为下一次来球做好准备。

(3)双手反手击球。

当运动员力量不足时,可采用双手反手击球技术击球。网球双手反手击球的技术动作要领如下。

首先呈网球运动的准备姿势。来球时,向左前方迈右脚,以左脚为轴向左侧转体,使身体右侧朝向来球方向,呈双手反手握拍姿势,同时向左后侧引拍至与身体平行处,双手持球拍向右后方挥出,击球的中后部完成击球。挥臂与转体一定要动作协调,击球点应在右大腿侧前方,拍面与地面垂直,击球轨迹为由低向高(图3-79)。

图3-79 双手反手击球

击球后,双手将球拍随挥至右侧肩部上方,并快速恢复到网球运动的准备姿势,为接下来的动作做好准备。

2. 网球击球技术的体能要求

击球技术是网球运动一项基本的技术,也是网球比赛得分的重要手段。击球技术对运动员有很高的体能要求,需要运动员有很强的力量素质、速度素质和协调能力。而且网球比赛的时间较长,运动强度较大,更需要运动员有良好的体能储备。

综上,要想顺利实施网球的各种击球技术,必须拥有良好的运动素质。击球技术对力量素质、速度素质的要求最高,其次对耐力素质和灵敏素质也有一定的要求,只有当运动员具备这些良好的运动素质后,才能真正掌握网球的击球技术,进而提高击球的成功率,为获得比赛的最终胜利提供保障。因此,必须对以上这些素质重点进行训练。

(三)截击球技术与体能要求

1. 截击球技术要领

(1)正手截击球技术。

正手截击球技术是网球运动中较难的技术之一。正手截击球的技术动作要领(以右手持拍为例)如下。

击球时:快速移动到位,目视来球,膝关节微屈,身体重心稍向前,引拍后,手腕发力,将球拍送至合适的位置进行截击。应该注意的是,一定要保证击球点在身体正前方20~40厘米处(图3-80)。

图3-80 正手截击球

击球后:快速回到场地中心位置,呈网球运动的准备姿势,为下一次来球做好准备。

(2)反手截击球技术。

反手截击球技术动作和正手截击球技术动作相似,区别是前者使用球拍的反面,而后者使用球拍的正面。反手截击球技术的动作要领(以右手持拍为例)如下。

击球前:向左前方迈右脚,以左脚为轴向左侧转体,使身体右侧朝向来球方向,呈右手反手握拍姿势,左手轻扶拍颈,准备击球。

击球时:快速移动到位,目视来球,膝关节微屈,身体重心稍向前,引拍后,手腕发力,到合适的位置用球拍反面进行截击(图3-81)。

图3-81 反手截击球

击球后：右臂随挥，然后快速恢复到网球运动的准备姿势，为接下来的比赛做好准备。

（3）近身截击技术。

近身截击技术是当球过网后离网较近时所使用的技术。近身截击球技术的动作要领（以右手持拍为例）如下。

击球时：手腕紧绷发力，目视来球，把球拍放在身体前方，用反拍截击来球的中后部以完成击球（图3-82）。

图3-82　近身截击

击球后：球拍随挥后，迅速恢复到准备姿势，为接下来的击球做好准备。

2.网球截击球技术的体能要求

截击球技术是网球比赛中重要的反击技术之一，运动员的截击球技术在一定程度上影响着比赛的结果。

要想在比赛中应用好截击球技术，除了击球时要协调、快速以外，身体还要迅速移动到位。此外，由于网球比赛的持续时间较长，因此也要求运动员要有良好的体能储备。

综上，在进行网球体能训练时，一定要注重对运动员灵敏素质、速度素质的训练。为确保应用技术的准确性和完整性，还要对运动员的耐力素质进行训练。只有拥有了这些运动素质后，才能发挥截击球技术的最大威力。

（四）高压球技术与体能要求

1.高压球技术要领

（1）凌空高压球技术。

当对方挑高球时，应采用凌空高压球技术。凌空高压球技术的动作要领（以右手持拍为例）如下。

小步快跑到来球即将下落的位置。击球时，右脚后撤，左肩正对来球方向，右手持拍引拍至右肩后上方，拍颈与地面垂直，拍头向上，左臂自然前伸指向来球，利用转体带肩的力量，在球未落地的情况下，击来球的中上部以完成击球。

击球后，球拍继续向前随挥，身体顺势向前跟进，然后快速恢复到网球运动的准备姿势，为接下来的动作做好准备。

（2）落地高压球技术。

当来球落地后反弹轨迹为直线时，可使用落地高压球技术。落地高压球技术的动作要领（以右手持拍为例）如下。

快速移动到球下落的位置。击球时，右脚后撤，左肩正对来球方向，右手持拍，引拍至右肩后上方，拍颈与地面垂直，拍头向上，左臂自然前伸指向来球，利用转体带肩的力量，在球弹起后，击球的中上部以完成击球。

击球后，球拍继续向前随挥，身体顺势向前跟进，然后快速恢复到网球运动的准备姿势，为接下来的击球做好准备。

（3）跳起高压球技术。

跳起高压球技术是一项较难的网球运动技术。跳起高压球技术的动作要领（以右手持拍为例）如下。

快速移动到合适位置。右脚蹬地用力起跳，在空中伸腰、挺腹，屈肘向后引拍，利用身体的前屈力和手臂、手腕的挥动力，击来球的中上部以完成击球。落地时，左脚先着地，通过踝关节和膝关节缓冲。

击球后，球拍随挥，身体迅速恢复到准备姿势，为下一步动作做好准备。

2. 网球高压球技术的体能要求

高压球技术是网球运动不可或缺的基本技术之一。高压球技术的成功率对网球比赛得分起着重要影响，但这项技术对运动员的体能有很高的要求。

首先，运动员要有较好的速度素质，在进行高压球击球时，脚下移动要做到快、准、稳。其次，运动员的腰、腹、肩、手臂、手腕等部位要有力量，这样才能确保高压球回球有力，落点精准。再次，还需要运动员有良好的爆发力和协调性，全身协调配合，瞬间爆发力量，才能保证高压球的击球质量。

在网球体能训练中，要注意对运动员速度素质、力量素质、灵敏素质的训练，特别要注意对反应速度和爆发力的训练。

第四章　大众体育球类运动体能训练方法

第一节　身体形态的训练方法

身体形态训练是发展运动员各项体能素质、提高运动员体能水平的重要方式之一。抗阻训练是塑造运动员身体形态的重要方法。抗阻训练的设计要充分考虑运动项目的专项性和实效性，要从训练目标、使用器材、训练组数、动作原理、身体姿势、动作要求、动作轨迹、动作幅度、动作速度、呼吸节奏、保护措施和安全要求等方面综合设计。此外，在进行抗阻训练时，还要密切结合运动员自身的体能状况特点，确保通过训练有效地改善运动员的身体形态。

一、浅层肌肉抗阻训练一般方法

（一）背阔肌

1. 肌肉介绍

（1）肌肉位置：背阔肌由胸背神经支配，是位于胸背区下部和腰区浅层较宽大的扁肌，起于第7～12胸椎及全部腰椎棘突、骶正中嵴、髂嵴后部和第10～12肋外侧面，止于肱骨小结节嵴。血液供应主要来自胸背动脉、节段性的肋间后动脉和腰动脉的分支，以肩胛线为界线外侧由胸背动脉分支供血，线内侧由节段性动脉供血。

（2）肌肉功能：近固定，向心收缩时使肩关节伸、内收和内旋；远固定，拉躯干向手臂靠拢，可辅助吸气。

2. 锻炼方法

（1）肌肉名称：背阔肌。

（2）训练目标：使肌肉力量、耐力增强，塑造身体形态。

（3）使用器械：拉力器、弹力带等。

（4）可进行组数：3~5组，8~10个/组。

（5）动作原理：背阔肌近固定向心收缩时有使肩关节伸的功能。在做直臂下压的过程中，阻力方向向上，运动方向向下，与阻力方向相反，自上而下对抗阻力时肩关节做了伸的动作，可以增强背阔肌的力量与耐力。

（6）身体姿势：调整合适的重量及高度，正对拉力器，两脚平行站立，脚尖朝前，膝盖和脚尖方向相同，挺胸收腹，肩部下沉，下颌稍收，两手正握、闭握把手，手腕保持中立位置。

（7）动作要求：在训练过程中，要求躯干保持正直，不允许晃动，肩关节保持中立位置，不准耸肩，始终保持稳定。

（8）动作轨迹：自上而下。

（9）动作速度：向下时为2~3秒，还原时为2~4秒。

（10）呼吸节奏：向下时呼气，还原时吸气。

（11）幅度与安全要求：向下向心收缩时，到大腿前方，保持肘关节稍屈且不完全伸直，确保背阔肌达到最大收缩状态；离心收缩还原时，手臂处于水平面，背阔肌继续保持用力。训练中始终保持身体的稳定，不准借力，身体不准晃动。

（二）胸大肌

1. 肌肉介绍

（1）肌肉位置：胸大肌呈扇形，又被称为"胸肌"。位于胸廓的前上部，起自锁骨内侧半、胸骨和第1~6肋软骨，肌束向外侧集中，止于肱骨大结节嵴。

（2）肌肉功能：近固定，向心收缩时使肩关节水平屈；远固定，可拉躯干向手臂靠拢。

2. 锻炼方法

（1）肌肉名称：胸大肌。

（2）训练目标：使肌肉力量、耐力增强，塑造身体形态。

（3）使用器械：拉力器、弹力带等。

（4）可进行组数：3~5组，8~10个/组。

（5）动作原理：胸大肌近固定向心收缩时，有使肩关节水平屈的功能。而在做站姿推胸动作的过程中，阻力方向是向后的，运动方向则向前，正好与阻力方向相反，由后向前对抗阻力时肩关节做了水平屈的动作，所以站姿推胸能增强胸大肌的力量与耐力。

（6）身体姿势：调整合适的位置高度，两脚前后站立，挺胸收腹，肩部下沉，下颌稍收，两手正握、闭握把手，手腕保持中立位置。

（7）动作要求：训练过程中，躯干保持正直（挺胸、收腹、下巴稍收），不能前后晃动，肩关节中立，保持稳定，不允许耸肩、肩部下沉。

（8）动作轨迹：自后向前。

（9）动作幅度：向前推、向心收缩时，肘关节稍屈且不完全伸直，使胸大肌达到最大收缩状态；还原、离心收缩时，肘关节向后不能超过肩关节额状面，胸大肌继续保持用力状态。

（10）动作速度：向前推时为2~3秒，还原时为2~4秒。

（11）呼吸节奏：向前推时呼气，还原时吸气。

（12）保护措施：不需保护。

（13）安全要求：训练中身体始终保持稳定，身体不能晃动。肘关节不能超伸，手腕始终保持在中立位置。

（三）肱二头肌

1.肌肉介绍

（1）肌肉位置：肱二头肌在骨骼肌三大肌群中属于四肢肌，有长、短二头。长头起于肩胛骨盂上粗隆，短头起于肩胛骨喙突。长、短二头于肱骨中部汇合为肌腹，下行至肱骨下端，集成肌腱止于桡骨粗隆和前臂筋腱膜。

（2）肌肉功能：近固定，肱二头肌使前臂在肘关节处屈、旋外，使上臂在肩关节处屈；远固定，肱二头肌使上臂向前臂靠拢。

2.锻炼方法

（1）肌肉名称：肱二头肌。

（2）训练目标：使肌肉力量、耐力增强，塑造身体形态。

（3）使用器械：拉力器、弹力带等。

（4）可进行组数：3~5组，8~10个/组。

（5）动作原理：肱二头肌近固定向心收缩时，有使肘关节屈的功能。在用拉力器做弯举动作的过程中,阻力方向向下,对抗阻力方向向上,肘关节做了屈的动作,可以增强肱二头肌的力量与耐力。

(6)身体姿势:调整合适的重量和高度,两脚自然分开,脚尖朝前,膝盖和脚尖方向相同,挺胸收腹,肩部下沉,下颌稍收,两手反握、闭握把手。手腕保持中立位置。

(7)动作要求:不准弓背、含胸,保持身体稳定,不准耸肩。

(8)动作轨迹:自下而上。

(9)动作幅度:向上、向心收缩时,使肘关节小于90度,确保肱二头肌达到最大收缩状态;离心收缩还原时,肘关节稍屈,保持肱二头肌持续用力。

(10)动作速度:向上时为2~3秒,还原时为2~4秒。

(11)呼吸节奏:向上时呼气,还原时吸气。

(12)安全要求:手腕保持在中立位置,避免手腕受伤。大臂始终保持在身体两侧。

(四)三角肌

1. 肌肉介绍

(1)肌肉位置:三角肌呈三角形,位于肩部。起自锁骨的外侧段、肩峰和肩胛冈,肌束逐渐向外下方集中,止于肱骨三角肌粗隆。

(2)肌肉功能:前部肌纤维收缩可使肩关节前屈并略旋内,中束肌纤维收缩可使肩关节外展,后部肌纤维收缩可使肩关节后伸并略旋外。

2. 三角肌前束的锻炼方法

(1)肌肉名称:三角肌。

(2)训练目标:使肌肉力量、耐力增强,塑造身体形态。

(3)使用器械:拉力器、弹力带等。

(4)可进行组数:3~5组,8~10个/组。

(5)动作原理:三角肌前束近固定向心收缩时,有使肩关节屈的功能。在做站姿前平举的过程中,阻力方向向下,对抗阻力向上,肩关节做了一个屈的动作,此动作能增强三角肌前束的力量与耐力。

(6)身体姿势:选择合适的重量,采用正握、闭握的方式握住拉力器,脚尖朝前,膝关节与脚尖方向相同,保持膝关节稍屈但不超过脚尖。挺胸收腹,肩部下沉,下颌稍收，目视正前方。肘关节稍屈，手腕保持在中立位置。

（7）动作要求：在做动作的过程中保持身体正直，不允许晃动，保持身体稳定，手腕保持中立位置。

（8）动作轨迹：自下而上。

（9）动作幅度：向心收缩时，手与肩部保持相同高度，保持肘关节稍屈且不完全伸直，确保三角肌前束达到最大收缩状态；离心收缩还原时，两手保持在大腿前方，三角肌前束继续保持用力。

（10）动作速度：向上举时为2~3秒，还原时为2~4秒。

（11）呼吸节奏：向上举时呼气，还原时吸气。

（12）安全要求：不准弓背、含胸，避免背部承受过大压力。肘关节稍屈且不完全伸直，手腕保持在中立位置。

3. 三角肌中束的锻炼方法

（1）肌肉名称：三角肌中束。

（2）训练目标：使肌肉力量、耐力增强，塑造身体形态。

（3）使用器械：拉力器、弹力带等。

（4）可进行组数：3~5组，8~10个/组。

（5）动作原理：三角肌中束在近固定向心收缩时，有使肩关节外展的功能。在用拉力器做侧平举的过程中，阻力方向向下，对抗阻力方向向上，肩关节做了外展的动作，此动作可以增强三角肌中束的力量与耐力。

（6）身体姿势：首先选择合适的重量，采用对握、闭握的方式抓住把手并置于体侧，两脚分开约与肩同宽，脚尖朝前，膝关节与脚尖方向相同，保持膝关节稍屈但不超过脚尖。挺胸收腹，肩部下沉，下颌稍收。肘关节稍屈，手腕保持在中立位置。

（7）动作要求：在做动作的过程中，身体不允许晃动，保持稳定，不准耸肩，肩关节保持稳定。

（8）动作轨迹：自下而上。

（9）动作幅度：向上、向心收缩时，肘关节与肩保持相同高度，确保三角肌中束达到最大收缩状态；离心收缩还原时，大臂向身体两侧靠拢，三角肌中束继续保持用力。

（10）动作速度：向上时为2~3秒，还原时为2~4秒。

（11）呼吸节奏：向上时呼气，还原时吸气。

（12）安全要求：手腕保持在中立位置，肘关节不能完全伸直，不准耸肩，躯干保持正直。

4. 三角肌后束的锻炼方法

（1）肌肉名称：三角肌后束。

（2）训练目标：使肌肉力量、耐力增强，塑造身体形态。

（3）使用器械：拉力器、弹力带等。

（4）可进行组数：3～5组，8～10个／组。

（5）动作原理：三角肌后束近固定向心收缩时，有使肩关节水平伸的功能。在用拉力器做俯身反飞鸟的过程中，阻力方向向下，对抗阻力向上，肩关节做了水平伸的动作，此动作可以增强三角肌后束的力量与耐力。

（6）身体姿势：选择合适的重量，两手采用正握、闭握的方式握住把手，脚尖朝前，膝关节与脚尖方向相同，保持膝关节稍屈但不超过脚尖。挺胸收腹，肩部下沉，下颌稍收，向前俯身约40度。肘关节稍屈，手腕保持在中立位置。

（7）动作要求：在做动作的过程中保持下肢直立，不允许晃动，保持身体稳定，不准耸肩。

（8）动作轨迹：自下而上。

（9）动作幅度：向心收缩时，大臂与地面平行，确保三角肌后束达到最大收缩状态；离心收缩还原时，把手向胸部靠紧，三角肌后束继续保持用力。

（10）动作速度：向心收缩时为2～3秒，还原时为2～4秒。

（11）呼吸节奏：向心收缩时呼气，还原时吸气。

（12）安全要求：不准弓背、含胸，避免背部承受过大压力，肘关节不能超伸，肩胛骨保持在中立位置。

（五）肱三头肌

1. 肌肉介绍

（1）肌肉位置：肱三头肌起点有三个头，长头起自肩胛骨关节盂的下方，外侧头起自肱骨后面桡神经沟的外上方，内侧头起自桡神经沟内下方，三头合成一个肌腹，以扁腱止于尺骨鹰嘴。

（2）肌肉功能：近固定，可使肘关节伸并加固肘关节；远固定，使上臂在肘关节处伸。

2. 锻炼方法

（1）肌肉名称：肱三头肌。

（2）训练目标：使肌肉力量、耐力增强，塑造身体形态。

（3）使用器械：拉力器、弹力带等。

（4）可进行组数：3~5组，8~10个/组。

（5）动作原理：肱三头肌近固定向心收缩时，有使肘关节伸的功能。在用拉力器做臂屈伸的过程中，阻力向上，抗阻力方向向下，肘关节做了伸的动作，此动作可以增强肱三头肌的力量与耐力。

（6）身体姿势：将滑轮调至最高位置，采用对握、闭握的方式抓住短杆，两脚自然分开约与肩同宽，脚尖朝前，膝关节稍屈，挺胸收腹，肩部下沉，目视正前方，两手屈肘约90度。

（7）动作要求：在做动作的过程中不准弓背、含胸，保持身体稳定，大臂始终与地面垂直，保持大臂的稳定。

（8）动作轨迹：自下而上。

（9）动作幅度：向上、向心收缩时，保持大臂与地面垂直，小臂不完全伸直，使肱三头肌达到最大收缩状态；离心收缩还原时，使肘关节略小于90度，使肱三头肌继续保持用力。

（10）动作速度：向后时为2~3秒，还原时为2~4秒。

（11）呼吸节奏：向上时呼气，还原时吸气。

（12）安全要求：不准弓背、含胸，避免造成背部承受过大压力，肘关节不能超伸，避免肘关节损伤。手腕保持在中立位置，大臂保持在身体两侧。

（六）斜方肌

1. 肌肉介绍

（1）肌肉位置：斜方肌起自上项线、枕外隆凸、项韧带、第7颈椎及全部胸椎棘突，止于锁骨外侧1/3处、肩峰、肩胛冈。供血动脉主要是颈横动脉，另有一些小的次要动脉。

（2）肌肉功能：上部肌束收缩可上提肩胛骨，下部肌束收缩使肩胛骨下降，全肌收缩使肩胛骨向脊柱靠拢。

2. 锻炼方法

（1）肌肉名称：斜方肌。

（2）训练目标：使肌肉力量、耐力增强，塑造身体形态。

（3）使用器械：弹力带。

（4）可进行组数：3~5组，8~10个/组。

（5）动作原理：斜方肌中下束在近固定向心收缩时有使肩胛骨后缩的功能。在肩胛骨后缩过程中，阻力方向向前，对抗阻力方向向后，与阻力方向相反，肩胛骨做了一个后缩的动作，此动作可以增强斜方肌的力量与耐力。

（6）身体姿势：两脚前后站立，脚尖朝前，膝盖稍屈，挺胸收腹，肩部下沉，目视正前方，两手采用正握、闭握的方式握住把手，手腕保持在中立位置，肘关节不完全伸直。

（7）动作要求：在动作过程中保持躯干稳定，不允许晃动，不准耸肩。

（8）动作轨迹：由前向后。

（9）呼吸节奏：向心收缩时呼气，离心收缩时吸气。

（10）动作速度：向心收缩为2~3秒，离心收缩为2~4秒。

（11）幅度与安全要求：不准弓背、含胸，避免腰部承受过大压力，不准耸肩，手腕保持在中立位置。

（七）竖脊肌

1. 肌肉介绍

（1）肌肉位置：竖脊肌是脊柱后方的长肌，下起骶骨背面，上达枕骨后方，位于棘突与肋角之间的沟内。

（2）肌肉功能：下固定，一侧收缩，使脊柱向同侧屈，两侧收缩，使头和脊柱伸；上固定，使盆骨前倾。

2. 锻炼方法

（1）肌肉名称：竖脊肌。

（2）训练目标：使肌肉力量、耐力增强，塑造身体形态。

（3）可进行组数：3~5组，8~10个/组。

（4）使用器械：拉力器、弹力带等。

（5）动作原理：在用拉力器锻炼竖脊肌的过程中，阻力方向向下，对抗阻力方向向上，在向上的动作过程中，竖脊肌等长收缩做了维持躯干稳定的动作，此动作可以增强竖脊肌的力量与耐力。

（6）身体姿势：两手对握、闭握把手，两脚自然分开约与肩同宽，双膝稍屈。挺胸，收腹，肩部下沉，下颌稍收。上体下倾，将把手置于膝部两侧。

（7）动作要求：在做动作的过程中，始终保持挺胸、收腹，保持身体稳定。

（8）动作轨迹：自下而上。

（9）动作速度：向上时为2~3秒，还原时为2~4秒。

（10）动作呼吸节奏：向上时呼气，还原时吸气。

（11）幅度与安全要求：等长收缩时，向上保证膝关节稍屈，脊柱不超伸；还原时，同样膝关节稍屈，确保把手略低于膝，保持竖脊肌持续用力。

（八）腹直肌

1. 肌肉介绍

（1）肌肉位置：腹直肌位于腹前壁正中线的两旁，在腹直肌鞘内，为上宽下窄的带形肌，起自耻骨上缘，止于胸骨剑突和第5~7肋软骨前面。

（2）肌肉功能：上固定，两侧收缩可使盆骨后倾；下固定，一侧收缩，使脊柱屈。

2. 锻炼方法

（1）肌肉名称：腹直肌。

（2）训练目标：使肌肉力量、耐力增强，塑造身体形态。

（3）使用器械：拉力器、弹力带等。

（4）可进行组数：3~5组，8~10个/组。

（5）动作原理：腹直肌下固定向心收缩时，有使脊柱屈的功能。在用拉力器做跪姿卷腹的过程中，阻力方向向上，对抗阻力向下，脊柱做了屈的动作，此动作可以增强腹直肌的力量与耐力。

（6）身体姿势：跪在垫上，臀部坐于小腿上，脊柱保持自然正直，目视正前方，两手采用反握、闭握的方式握住把手，置于额前。

（7）动作要求：在做动作的过程中，维持盆骨稳定，将把手保持在前额位置。

（8）动作轨迹：自上而下。

（9）动作速度：向上时为2~3秒，还原时为2~4秒。

（10）呼吸节奏：向上时呼气，还原时吸气。

（11）幅度与安全要求：向下、向心收缩时，胸部向盆骨靠拢，确保腹直肌充分收缩；离心收缩还原时，脊柱保持正直，使腹直肌继续保持用力。在做动作的过程中颈椎屈的幅度不能过大，避免造成意外损伤。大臂保持在身体两侧。

（九）臀大肌

1. 肌肉介绍

（1）肌肉位置：臀大肌约呈四边形，起自髂骨外面，骶、尾骨后面，肌束斜向下外方，止于臀肌粗隆。

（2）肌肉功能：近固定，可使髋关节伸、外旋；远固定，一侧收缩使盆骨转向对侧，两侧收缩使盆骨后倾。

2. 锻炼方法

（1）肌肉名称：臀大肌。

（2）训练目标：使肌肉力量、耐力增强，塑造身体形态。

（3）可进行组数：3~5组，8~10个/组。

（4）使用器械：拉力器、弹力带等。

（5）动作原理：臀大肌远固定向心收缩时，有使盆骨后倾的功能，近固定时有使髋关节伸的功能。在深蹲过程中，阻力向下，对抗阻力方向向上，盆骨做了后倾的动作，髋关节做了伸的动作，可以增强臀大肌的力量与耐力。

（6）身体姿势：两脚打开约与肩同宽，脚尖、膝盖朝前，膝关节稍屈，挺胸收腹，肩部下沉，下颌稍收。两手采用正握、闭握的方式握住把手，置于肩上。屈膝大约90度。

（7）动作要求：在做动作的过程中，始终保持挺胸、收腹，保持身体稳定。

（8）动作轨迹：自下而上。

（9）动作速度：向上时为2~3秒，还原时为2~4秒。

（10）呼吸节奏：向上时呼气，还原时吸气。

（11）幅度与安全要求：向心收缩时，保持膝关节稍屈，身体正直，使臀大肌充分收缩；离心收缩下蹲时，膝关节大约呈90度，臀大肌继续保持用力。在做动作的过程中不准弓背、含胸，避免背部运动损伤，膝关节不能超伸，避免膝关节损伤。

（十）股二头肌

1. 肌肉介绍

（1）肌肉位置：股二头肌是交叉在膝关节附近的肌腱群，位于大腿后侧，有长、短两个头。长头起自坐骨结节，短头起自股骨的粗线，两头合并后，以长肌腱止于腓骨小头。

（2）肌肉功能：近固定，使膝关节屈、外旋。远固定，两侧收缩使大腿在膝关节处屈，当小腿伸直时，使盆骨后倾。

2. 锻炼方法

（1）肌肉名称：股二头肌。

（2）训练目标：使肌肉力量、耐力增强，塑造身体形态。

（3）可进行组数：3~5组，8~10个/组。

（4）使用器械：杠铃、哑铃等。

（5）动作原理：股二头肌远固定向心收缩时，有使盆骨后倾的功能。在做直腿硬拉动作的过程中，阻力向下，对抗阻力方向向上，盆骨做了后倾的动作，此动作可以增强股二头肌的力量与耐力。

（6）身体姿势：选择重量合适的杠铃或哑铃，两手正握、闭握杠铃或哑铃，两脚自然分开，约与肩同宽，脚尖朝前，膝关节与脚尖方向相同，保持膝关节稍屈，但不超过脚尖，挺胸，收腹，肩部下沉，下颌稍收。上体向下倾，使杠铃或哑铃略低于膝。肘关节稍屈，手腕保持在中立位置。

（7）动作要求：在做动作的过程中，保持挺胸、收腹，保持身体稳定。

（8）动作轨迹：自下而上。

（9）动作速度：向上时为2~3秒，还原时为2~4秒。

（10）呼吸节奏：向上时呼气，还原时吸气。

（11）幅度与安全要求：向心收缩时，保持膝关节不完全伸直，躯干不超伸，确保股二头肌达到最大收缩状态；离心收缩还原时，膝关节不完全伸直，杠杆略低于膝部，股二头肌继续保持用力。不准弓背、含胸，避免造成背部运动损伤，膝关节不能完全伸直，肘关节自然伸直。

（十一）股四头肌

1. 肌肉介绍

（1）肌肉位置：股四头肌起于髂骨和股骨，包绕髌骨的前面和两侧，向下续为髌韧带，止于胫骨粗隆。

（2）肌肉功能：近固定，可使髋关节屈，整体收缩使膝关节伸；远固定，使大腿在膝关节处伸，维持人体的正直姿势。

2.锻炼方法

（1）肌肉名称：股四头肌。

（2）训练目标：使肌肉力量、耐力增强，塑造身体形态。

（3）可进行组数：3~5组，8~10个/组。

（4）使用器械：拉力器、弹力带等。

（5）动作原理：股四头肌远固定向心收缩时有使大腿在膝关节处伸的功能。在用拉力器做深蹲动作的过程中，阻力向下，对抗阻力方向向上，大腿在膝关节处做了一个伸的动作，此动作可以增强股四头肌的力量与耐力。

（6）身体姿势：两脚打开，约与肩同宽，脚尖和膝盖朝前，膝盖不超过脚尖，稍屈，挺胸收腹，肩部下沉，下颌稍收。两手采用对握、闭握的方式握住把手，手腕保持在中立位置。屈膝大约90度。

（7）动作要求：在做动作的过程中，始终保持挺胸、收腹，不准弓背、含胸，保持身体稳定。

（8）动作轨迹：自下而上。

（9）动作速度：向上为2~3秒，还原为2~4秒。

（10）呼吸节奏：向上时呼气，还原时吸气。

（11）幅度与安全要求：向上、向心收缩时，双腿不完全伸直，使股四头肌达到最大收缩状态；离心收缩还原时，膝关节不超过脚尖，大腿保持与地面平行，使股四头肌继续保持用力。动作中不准弓背、含胸，避免背部发生运动损伤，膝盖不准超过脚尖，避免膝盖承受过大压力。

二、深层肌肉抗阻训练的一般方法

（一）冈下肌

1.肌肉介绍

（1）肌肉位置：冈下肌为三角形的扁肌，部分被三角肌和斜方肌遮盖，起于冈下窝，止于肱骨大结节中部。

（2）肌肉功能：近固定，可使上臂旋外、内收和伸。

2. 锻炼方法

（1）肌肉名称：冈下肌。

（2）训练目标：使肌肉力量、耐力增强，塑造身体形态。

（3）使用器械：拉力器。

（4）可进行组数：3~5组，8~10个/组。

（5）动作原理：冈下肌近固定向心收缩时有使肩关节外旋的功能。在用拉力器做肩外旋动作的过程中，阻力方向向内，运动方向向外，肩关节做了一个外旋的动作，此动作可以增强冈下肌肌肉的力量与耐力。

（6）身体姿势：将滑轮拉力器的滑轮调至与肘关节相同的高度，站在滑轮的一侧，两脚分开约与肩同宽，脚尖朝前，膝盖稍屈，挺胸，收腹，肩部下沉，目视正前方，一侧手采用对握、闭握的方式握住把手，屈肘90度置于胸前。

（7）动作要求：在做动作的过程中保持躯干稳定，大臂始终固定在躯干两侧，不准耸肩。手腕保持在中立位置。

（8）动作轨迹：由内向外。

（9）动作速度：向心收缩为2~3秒，离心收缩为2~4秒。

（10）呼吸节奏：向心收缩时呼气，离心收缩时吸气。

（11）幅度与安全要求：向心收缩时，前臂垂直于身体的额状面，使冈下肌充分收缩；离心还原时，手不超过身体的正中面，冈下肌继续保持用力。背部挺直，不准弓背、含胸，大臂贴紧躯干，手腕保持在中立位置，不准耸肩。

（二）肩胛下肌

1. 肌肉介绍

（1）肌肉位置：肩胛下肌呈三角形，位于肩胛骨前面，起自肩胛下窝，肌束向上经肩胛关节的前方，止于肱骨小结节。

（2）肌肉功能：使肩胛关节内敛和旋内。

2. 锻炼方法

（1）肌肉名称：肩胛下肌。

（2）训练目标：使肌肉力量、耐力增强，塑造身体形态。

（3）使用器械：拉力器。

（4）可进行组数：3~5组，8~10个/组。

（5）动作原理：肩胛下肌在近固定向心收缩时，有使肩关节内旋的功能。在用拉力器做肩内旋动作的过程中，阻力方向向外，抗阻力方向向内，与阻力方向相反，肩关节做了内旋的动作，此动作可以增强肩胛下肌的力量与耐力。

（6）身体姿势：将滑轮拉力器的滑轮调至与肘关节相同的高度，站在滑轮的一侧，两脚分开约与肩同宽，脚尖朝前，膝盖稍屈，挺胸收腹，肩部下沉，目视正前方，一侧手采用对握、闭握的方式握住把手，屈肘90度，置于胸前。

（7）动作要求：在运动的过程中保持躯干稳定，大臂始终固定在躯干两侧，不准耸肩。手腕保持在中立位置。

（8）动作轨迹：由外向内。

（9）动作速度：向心收缩为2~3秒，离心收缩为2~4秒。

（10）呼吸节奏：向心收缩时呼气，离心收缩时吸气。

（11）幅度与安全要求：向心收缩时，前臂靠近身体的正中，使肩胛下肌充分收缩；离心还原时，前臂垂直于身体的额状面，肩胛下肌继续保持用力。背部挺直，不准弓背、含胸，大臂贴紧躯干，手腕保持在中立位置，不准耸肩。

（三）腹横肌

1. 肌肉介绍

（1）肌肉位置：腹横肌位于腹肌的深层，起自第7~12肋骨内面，止于腹白线。

（2）肌肉功能：腹前外侧肌群主要构成腹腔壁以保护腹腔脏器。肌群收缩时，可增加腹内压以协助排便、呕吐和咳嗽，还能使脊柱前屈、侧屈。

2. 锻炼方法

（1）肌肉名称：腹横肌。

（2）训练目标：使肌肉力量、耐力增强，塑造身体形态。

（3）可进行组数：3~5组，8~10个/组。

（4）动作原理：腹横肌等长收缩时有稳定躯干的功能。在做平板支撑的过程中，阻力方向向下，对抗阻力向上，可以增强腹横肌的力量与耐力。

（5）身体姿势：俯卧在垫子上，两脚分开约与肩同宽，脚尖支撑在地面，膝盖自然伸直，从侧面看耳、肩、髋在同一直线上，两手手肘支撑在垫子上。

（6）动作要求：在做动作的过程中保持耳、肩、髋在同一条直线上，平行于地面。

（7）呼吸节奏：保持均匀呼吸。

（8）幅度与安全要求：不准塌腰，避免造成背部承受过大压力，盆骨保持中立位置，不准晃动。

（四）腹外斜肌

1. 肌肉介绍

（1）肌肉位置：腹外斜肌位于腹前外侧部的浅层，为宽阔扁肌。起始部呈锯齿状，起自下位8个肋骨的外面，肌束由外上斜向前下方，后部肌束向下止于髂嵴前部，上中部肌束向内移行于腱膜，经腹直肌的前面，参与构成腹直肌鞘的前层，至腹正中线止于白线。

（2）肌肉功能：向心收缩时有使脊柱屈、对侧回旋的功能。

2. 锻炼方法

（1）肌肉名称：腹外斜肌。

（2）训练目标：使肌肉力量、耐力增强，塑造身体形态。

（3）使用器械：哑铃等。

（4）可进行组数：3～5组，8～10个/组。

（5）动作原理：腹外斜肌下固定向心收缩时有使脊柱屈、对侧回旋的功能。在用哑铃做仰卧转体的过程中，阻力方向向下，运动方向向上，与阻力方向相反，脊柱做出屈和向对侧回旋的动作，可以增强腹外斜肌的肌肉力量与耐力。

（6）身体姿势：仰卧，两脚分开约与肩同宽，两脚踩实地面，屈膝约90度，躯干贴紧垫面，两手握住哑铃的两端，置于胸前。

（7）动作要求：在做动作的过程中保持颈椎和盆骨位置的稳定。

（8）动作轨迹：自下而上。

（9）动作速度：向心收缩为2～3秒，离心还原为2～4秒。

（10）呼吸节奏：向心收缩时呼气，离心收缩时吸气。

（11）幅度与安全要求：向心收缩时，一侧肩膀向对侧盆骨靠拢，腹外斜肌充分收缩；离心还原时，回到起始位置，肩胛骨不准接触垫子，腹外斜肌继续保持用力。在做动作的过程中颈椎不准过屈，避免造成颈椎承受过大压力，腰部不准离开垫子，避免腰部承受过大压力，盆骨保持在中立位置，不准晃动。

（五）臀中肌

1. 肌肉介绍

（1）肌肉位置：臀中肌位于在臀大肌深层，起于髂骨翼外面，止于股骨大转子。

（2）肌肉功能：在固定时使大腿外展，前部使大腿屈和内旋，后部使大腿伸和外旋。

2. 锻炼方法

（1）肌肉名称：臀中肌。

（2）训练目标：使肌肉力量、耐力增强，塑造身体形态。

（3）使用器械：弹力带等。

（4）可进行组数：3~5组，8~10个/组。

（5）动作原理：臀中肌近固定向心收缩时有使髋关节外展的功能。在用弹力带做外摆腿动作的过程中，阻力方向向内，抗阻力方向向外，与阻力方向相反，髋关节做了外展的动作，此动作可以增强臀中肌的力量与耐力。

（6）身体姿势：将弹力带一端固定，另一端绑在一条腿小腿靠下的位置，另一条腿支撑身体，挺胸，收腹，肩部下沉，目视正前方，一手叉腰，一手扶固定物。

（7）动作要求：在做动作的过程中，身体不准前后摇晃，盆骨保持在中立位置。

（8）动作轨迹：由内向外。

（9）动作速度：向心收缩为2~3秒，离心还原为2~4秒。

（10）呼吸节奏：向心收缩时呼气，离心还原时吸气。

（11）幅度与安全要求：向心收缩时，在保持盆骨稳定的情况下，腿向外摆至最大幅度，臀中肌充分收缩；离心还原时，保持弹力带的张力不消失，臀中肌继续保持用力。

（六）比目鱼肌

1. 肌肉介绍

（1）肌肉位置：比目鱼肌位于腓骨、胫骨后，横插在腓肠肌之下，一直延伸到小腿内侧，起自胫骨、腓骨的上端，止于跟骨结节。

（2）肌肉功能：旋转脚面，提足。

2. 锻炼方法

（1）肌肉名称：比目鱼肌。

（2）训练目标：使肌肉力量、耐力增强，塑造身体形态。

（3）使用器械：哑铃或杠铃。

（4）可进行组数：3~5组，8~10个/组。

（5）动作原理：比目鱼肌在近固定向心收缩时，有使踝关节屈的功能。在用哑铃做坐姿提踵的过程中，阻力方向向下，运动方向向上，与阻力方向相反。踝关节做了屈的动作，此动作可以增强比目鱼肌的力量与耐力。

（6）身体姿势：身体呈坐姿，两脚打开约与肩同宽，脚尖朝前，屈膝90度，挺胸，收腹，肩部下沉。目视正前方，两手采用对握、闭握的方式握住哑铃，置于大腿上方。

（7）动作要求：在做动作的过程中不准晃动躯干，保持稳定。

（8）动作轨迹：自下而上。

（9）动作速度：向心收缩为2~3秒，离心还原为2~4秒。

（10）呼吸节奏：向心收缩时呼气，离心还原时吸气。

（11）幅度与安全要求：向心收缩时，脚跟尽量向上抬起，确保比目鱼肌充分收缩；离心还原时，脚跟不准接触地面，比目鱼肌继续保持用力。不准弓背、含胸，避免造成背部承受过大压力。哑铃要放于大腿上方。

第二节　身体素质的训练方法

优异的运动成绩是建立在良好的体能之上的，运动员竞技水平的提高需要以身体素质作为基础。良好的身体素质对于运动员掌握复杂、先进的技术、战术和创造优异的运动成绩有着重要作用。通过系统的身体素质训练，运动员不但能获得良好的体能，而且能形成稳定、正面的心理状态，从而缓解比赛带来的心理压力，最大限度地避免运动损伤，为接下来的专项素质训练打好基础。

一、身体素质训练的意义与原则

（一）身体素质训练的意义

1.能为专项素质训练打好基础

身体素质训练能使大众体育球类运动员拥有良好的体能，为其更好地进行专项素质训练打下良好的基础。

2. 能有效提高运动员体能水平

身体素质训练是体能训练的重要组成部分,通过身体素质训练,能有效促进运动员的体能水平提高。

3. 能提高运动员的意志

身体素质训练还能够很好地提升运动员的意志,使其在比赛中能稳定地发挥出自身的训练水平。

4. 能有效减少运动员的运动损伤

运动损伤与身体素质训练密切相关。身体素质训练使运动员体能得到提高,防止和减少因体能问题引起的运动损伤。

(二)身体素质训练的原则

1. 系统性原则

运动员从身体素质训练开始到结束,都应按照身体素质发展的内、外规律进行合理计划,持续地进行相应训练。

2. 客观性原则

在进行身体素质训练时,要结合训练目的和运动员自身的特点进行训练,要尊重训练所面临的客观实际。

3. 合理性原则

合理性原则指在进行身体素质训练时,要充分考虑到未来即将进行的专项运动素质训练,要有目的地进行规划和训练。

4. 适度性原则

在进行身体素质训练时,要注意结合实际适度地安排运动的量和强度,避免因运动负荷过大引起运动损伤。

二、基础力量素质训练

力量素质是运动员身体素质的基础,也是运动员掌握技术与战术、提高运动成绩的必备素质,基础力量水平直接影响专项力量的高度。只有具备了良好的力量素质才能在竞争激烈的比赛中取得良好的运动成绩。抓好基础训练能够使体能训练中的很多问题迎刃而解。

(一) 基础力量训练的意义

1. 可以塑造身体外部形态

身体形态是运动员取得良好成绩的重要条件，也是训练结果的外在表现。运动员的身体形态、机能、素质以及健康水平应该是统一的整体，从形态学的指标上应该能看出在训练中发现的素质、能力，如果单纯地把形态研究作为选材的标准而与身体素质割裂开来，那么对形态的认识就不够深入。身体形态、结构和机能水平直接影响身体素质，而身体素质中的力量素质又对身体形态的塑造起关键作用。

2. 能够塑造身体内部形态

力量训练的目的就是使参与专项训练的肌肉和肌群的力量能够得到充分发展，使其在工作上符合专项技术的特点，形成以专项技术为核心的力量素质系统。在以往的训练中，往往只关注力量训练能够改造肌肉的外在形式，容易忽略力量训练也能使肌肉的内部发生改变。

力量训练能够增加肌纤维的体积，增加肌肉力量。

3. 能为发挥专项技术提供支持和保障

基础力量训练是整个力量结构的基石，没有良好的基础力量做保障，专项力量就不可能发展到较高的水平。随着运动训练水平越来越高，更多运动员在训练安排上更倾向于短的训练课，也就是说训练的时间不长，但是训练强度非常大。如果没有良好的基础力量做支撑，运动员不仅很难承受高强度的训练，还容易造成各种伤病。

被众多运动员所青睐的跳深练习是发展弹跳力量的训练手段，在利用跳深练习进行弹跳的训练中，如果运动员没有良好的腿部力量水平，那么在完成技术动作时就不能按照跳深练习本身的动作规格完成，也就达不到预期的训练效果。更重要的是，如果运动员的基础力量不足，在做类似跳深这种快速伸缩训练的时候就很容易受伤。因此，良好的基础力量对发展专项力量起了至关重要的作用。

4. 能够预防伤病、延长运动寿命

伤病一直是影响运动员水平发挥的主要问题。造成运动伤病发生的重要因素有训练的负荷强度安排不合理和运动员的基础力量不均衡。在训练过程中，造成运动员急性损伤的原因主要是为了达到训练目标而盲目地提高训练强度。运动员出现伤病后又不能及时进行治疗，长期积累导致慢性伤病的出现。

造成伤病的主要原因是肌肉力量不均衡。由于在很多项目上我们错误地认识了项目的制胜规律，在发展力量素质时未注重发展与专项技术紧密相关的肌肉或肌群，而是集中时间和精力发展与专项技术不紧密相关的肌肉或肌群,于是在完成专项技术的时候出现了力量不均衡导致的伤病。

扎实、合理的基础力量不仅能够让运动员在激烈的竞争中持续保持较高的竞技水平,还能够提升运动员的竞技能力。研究表明,世界顶尖运动员在任何训练阶段,都会恰当地安排一定比例的基础力量和基本技术练习,基础力量好的运动员,其职业生涯会更长久。

(二)基础力量训练的基本原则

1. 超负荷原则

训练时肌肉对抗大于平时已经适应的负荷,称为"超负荷"。超负荷原则是在力量训练中,在对原有负荷适应的基础上及时施加超过原有负荷的更大刺激,以获得新的适应,提高训练效果。当肌肉或肌群在超负荷时,对抗最大或接近最大阻力,能有效地发展肌肉力量。

超负荷能使肌肉得到极大刺激,会产生一定的生理适应,使肌肉力量得到增加。只有肌肉在收缩时所承受的阻力负荷量超过原已适应的负荷量,处于超负荷状态,才能产生新的适应,工作能力才能得到提高。如果只用肌肉轻松就能克服的阻力做练习,那么力量水平就无法提高。只有打破肌肉拉力和承载阻力之间原已形成的适应与平衡,才能使力量有所发展。

应当注意的是,超负荷指这种负荷应超过平时的一般负荷阻力,或超过自己过去已经适应的负荷,而不是超过自身的最大负荷能力。运动员自身的最大负荷量,称为"极限负荷"。对水平不同的运动员来讲,不仅极限负荷的绝对值不同,而且极限负荷量的标准也应该有所差异。一般认为训练水平低者,以自己能连续重复 5~8 次的负荷为极限负荷;水平高者以自己能连续重复 1~3 次的负荷为极限负荷。但是无论训练水平高低,若一种负荷能连续重复 8 次以上,说明负荷量太轻,很难发展肌肉力量。

2. 强度适当原则

在这里强度指单位时间内肌肉做功或用力的大小。上面讲的超负荷主要是从肌肉所克服阻力的总量讲的。强度原则强调的是每一次或每一组肌肉力量练习所克服的阻力都应该达到一定的强度。

有研究表明,受锻炼的肌肉达到一定的疲劳程度,可以提高肌肉力量。但是,强度越大,越易疲劳,因为高强度地做功,肌肉能量必然消耗得多。

在运用强度适当原则时，必须因人而异，尤其是体弱者，必须注意强度的适宜性，强度不可过大。

3. 由大到小原则

超负荷训练使肌肉力量增加，原来的超负荷变成了已经适应的负荷，就不再是超负荷。这时如果不适当增加负荷，就不能使肌肉力量继续增加。只有逐渐增加训练负荷，训练效果才能不断地提高。

所谓由大到小原则指在负重抗阻训练中，先进行由大肌肉群参与的练习，然后进行小肌肉群参与的练习。由大到小原则的生理机制：当一块肌肉因训练而增加力量时，身体其他肌肉的力量也会在一定程度上有所增加。如果先练习大肌肉群，这种相互影响会更加明显，小肌肉群容易疲劳，一块肌肉疲劳到一定的程度也会对其他肌肉的工作能力有所影响。

4. 专门性原则

要提高运动技术水平，在对肌肉进行全面训练的基础上必须进行有针对性的专门训练，也就是必须选择要练习的肌肉类型、肌肉拉力方向、运动幅度与专项技术动作一致的力量练习进行训练。

力量训练的专门性指身体部位的专门性和动作的专门性，即进行负重抗阻练习时，尽可能地模拟实际的动作，保持与实际动作相同的节奏与速度。

专门训练的生理学机制是不同肌群甚至同一肌群的不同肌肉之间应具有一定的神经、肌肉协调性。在训练中，不仅要注意运动技术的专门性，还要注意运动时关节角度、肌肉的收缩形式。等长练习通常在特定的关节角度上完成，在这种情况下，在训练角度力量增长最大，而在其他关节角度力量增长不明显。就肌肉的收缩形式与力量发展关系而言，等张练习增加的肌肉力量比等长练习大。做等动练习时，快速等动练习的效果较好。和慢速等动练习相比较，快速等动练习更能全面地使力量增长，也会使等张力量明显增加。

5. 频率合理原则

频率合理原则即合理的训练间隔原则，指在一定时间或一个训练阶段内，要保持一定的练习频度，例如，每周或每个月进行几次力量练习。频率合理原则强调各次练习之间要有一定的间隔时间，但其间隔时间要适宜。这既能保证体内营养物质的补充和能量代谢与恢复的需要，又能使体内一系列的功能变化持续向有利于力量不断增长的方向发展。

一般来讲，练习强度或总负荷量很大的力量练习，间隔时间应该稍长（每周1~2

次）；中、小强度的力量练习，间隔时间稍短（每周3~4次）；如果只为了保持原有的力量水平，间隔时间还可以稍长一些，如每周1次。

6. 全面训练原则

基础力量训练主要是从一般性练习、辅助性练习的手段中筛选出来的，这既可以与全身整体力量相关联，又可以与局部或某个肌群相关联，既可为专项力量的发展提供支持，也可以防止运动器官的损伤。

对任何一个球类项目而言，神经系统、运动系统发挥作用时其各组成部分都是相互联系的。某一部分薄弱会影响其他部分甚至整体力量水平和竞技水平。因此，根据基础力量训练的任务和作用，全面、协调地发展整体力量素质至关重要。

7. 幅度到位原则

在进行力量训练时，每次重复动作的幅度应该尽可能大。如果是屈伸练习，必须做到由全屈位到全伸位的全幅度练习，这样能够使肌肉各部分的肌纤维都参加工作，真正使肌肉力量得到发展和加强，并且对预防运动损伤也有重要作用。

要达到全幅度动作的要求，每次重复动作都应从充分伸展肌肉开始，这对同步发展肌肉力量和伸展性，从而使肌肉更能适应多种技术动作的要求是非常有益的。

（三）基础力量训练的常用方法

1. 上肢力量训练的常用方法

（1）单手俯卧撑的具体描述如下。

练习目的：主要发展上肢手臂肌群力量。

准备姿势：两脚开立，两前脚掌和单手掌撑地，形成三角支撑，膝关节和支撑手臂伸直，支撑点间距以能够保持身体平衡为宜。

练习方法：保持身体姿势，支撑手臂做屈肘、伸肘运动。

动作要领：屈肘时幅度要大，但注意除三个支撑点外其他身体部位不要接触地面。

练习次数：每组8~12次，重复2~3组，每组间歇90~120秒。练习次数也可以因人而异。

（2）平衡球俯卧撑的具体描述如下。

练习目的：主要练习胸大肌、前锯肌、肱三头肌、腹直肌。

准备姿势：双手扶平衡球，一只脚支撑在凳子上，然后另一只脚支撑在凳子上，呈俯卧撑准备姿势。

练习方法：双手扶平衡球顶部，双脚搭在与平衡球高度相同的凳子上，身体保持正直。屈肘，身体缓慢下降，做俯卧动作，伸肘撑起。

动作要领：臀部不能塌陷或翘起。屈肘时动作要缓慢。

练习次数：每组6～10次，重复2～3组，每组间歇120～150秒。

（3）仰卧撑的具体描述如下。

练习目的：主要发展背阔肌、肱三头肌、三角肌的力量。

准备姿势：身体仰卧，两膝伸直，两脚并拢，脚跟着地支撑；两手臂伸直，手掌支撑于地面，间距略大于肩；脚跟和两手支撑。

练习方法：保持躯干稳定，连续做屈肘、伸肘动作。

动作要领：保持正确的身体姿势，躯干挺直，屈肘时动作不能过快。

练习次数：每组10～12次，重复2～3组，间歇150～180秒。

（4）双肘支撑于平衡球外展内收的具体描述如下。

练习目的：主要练习胸大肌、三角肌、肩胛下肌、大圆肌、斜方肌。

准备姿势：并排放置两个平衡球，俯卧，两小臂分别支撑在两个平衡球上。

练习方法：选择尺寸适合的平衡球并排放好，两脚分开，支撑于地面，身体倾斜，两小臂分别支撑在两个平衡球顶部的内侧。大臂外展打开，使平衡球向两侧滚动；然后大臂内收，还原为准备姿势。

动作要领：大臂打开后与上体成水平状态。身体保持挺直，臀部不能翘起或塌陷。大臂外展的动作要缓慢。

练习次数：每组4～6次，重复2～3组，间歇120～150秒。

2.躯干力量训练的常用方法

（1）转体仰卧起坐的具体描述如下。

练习目的：主要发展腹直肌、腹外斜肌、髂腰肌的力量。

准备姿势：两脚并拢，屈膝，大、小腿夹角成90度，双手抱头，上身平躺在地面上。

练习方法：收腹、屈髋直起上身，收腹、屈髋分别向左、右转体。

动作要领：上、下起伏和左、右转体动作幅度要大，上身下躺时不要完全放松，控制速度。

练习次数：每组20～30次，重复3～4组，每组间歇150～180秒。

（2）仰卧收腹举腿的具体描述如下。

练习目的：主要发展腹肌、髂腰肌、股直肌的力量。

准备姿势：仰卧，双手抱头，收腹，上身上抬，离开地面；臀部着地，两脚并拢，脚尖绷直，膝关节伸直，两腿上抬，离开地面。

练习方法：保持开始的姿势，双腿同时上下摆动。

动作要领：练习时上身和脚不能着地，两腿摆的幅度要大，速度要快。

练习次数：每组15~20次，重复2~3组，间歇150~180秒。

（3）仰卧收腹交叉摆腿的具体描述如下。

练习目的：主要发展腹肌、髂腰肌、股直肌的力量。

准备姿势：仰卧，双手抱头，收腹，上身上抬，离开地面；髋关节着地，两脚并拢，脚尖绷直，膝关节伸直，两腿上抬，离开地面。

练习方法：保持开始的姿势，双腿左右交叉摆动。

动作要领：练习时上身和脚不能着地，两腿摆的幅度要大，速度要快。

练习次数：每组20~30次，重复2~3组，间歇150~180秒。

（4）直体摆踢腿的具体描述如下。

练习目的：主要发展腹直肌、髂腰肌、股直肌的力量。

准备姿势：身体直立，膝关节伸直，一只手叉腰，另一只手扶墙或树保持身体平衡；或双手叉腰。

练习方法：摆动腿快速上下摆动。

动作要领：练习时摆动腿的脚不能着地；摆动幅度要大，速度要快；上身挺直，保持稳定。也可把沙袋绑在腿上进行负重练习。

练习次数：每组25~30次，重复2~3组，间歇150~180秒。

（5）平衡球仰卧屈膝举腿的具体描述如下。

练习目的：主要发展股四头肌、髂腰肌、臀中肌、臀小肌的力量。

准备姿势：仰卧，两脚夹住平衡球，屈膝抬腿。

练习方法：仰卧，两臂置于身体两侧，两小腿夹住平衡球。屈膝抬腿，大腿与地面垂直，静止3~5秒，两腿缓慢放下。

动作要领：准备动作时，双臂自然置于身体两侧；选择尺寸合适的平衡球，循序渐进；在做动作的过程中注意臀部和腰部下方紧贴地面。

练习次数：每组10~15次，重复3~5组，间歇60~90秒。

3. 下肢力量训练常用方法

（1）深蹲的具体描述如下。

练习目的：主要发展股四头肌的力量。

准备姿势：两脚开立，与肩同宽，两手平举，平视前方，上身挺直，抬头挺胸，下蹲，大、小腿夹角略大于90度，膝关节尽量不要超过前脚尖。

练习方法：尽量长时间保持姿势。

动作要领：身体保持稳定状态，重心在两腿中间。

练习次数：每组20~25次，重复2~3组，每组间歇90~120秒，蹲用时3秒，起用时1秒。

（2）箭步蹲的具体描述如下。

练习目的：主要发展后腿膝关节周围肌肉的力量。

准备姿势：双手屈膝抱头，右脚向前跨出一大步，前、后膝关节约成90度。

练习方法：保持后腿的大腿和躯干成一直线，后腿用力垂直上下移动。可单脚或双脚踩在平衡气垫上进行练习，以提高练习的难度。

动作要领：练习过程中，保持后腿与躯干成一直线；前腿膝关节不可过于前伸，不要超过前脚尖。

练习次数：每组10~15次，重复2~3组，每组间歇90~120秒。

（3）平衡球仰卧双腿支撑提臀的具体描述如下。

练习目的：主要发展股二头肌、半腱肌、半膜肌、臀大肌的力量。

准备姿势：仰卧，双脚蹬在平衡球侧上方。

练习方法：仰卧，屈膝，双脚蹬在平衡球侧上方，双手置于身体两侧撑地，腰部和臀部抬起，离开地面。双腿蹬伸，脚跟支撑在平衡球顶部，整个身体成直线，静止2~3秒。然后屈膝，还原。

动作要领：在练习过程中，保持腰部和臀部的紧张，不能着地；注意手和手臂的位置；结束动作时，双腿伸直，脚尖朝上，脚跟支撑在平衡球顶部；在做蹬伸动作时，臀部要随动作稍微抬起，使身体成直线。

练习次数：每组10~15次，重复3~5组，每组间歇60~90秒。

（4）单腿平蹲的具体描述如下。

练习目的：主要发展蹬伸腿的股四头肌和前举腿的股直肌和髂腰肌的力量。

准备姿势：身体直立，双手前平举，保持身体平衡，向下前方抬起一条腿，膝关节伸直。

练习方法：上体正直，支撑腿屈膝下蹲，然后伸膝站起。

动作要领：练习过程中保持躯干正直，屈膝时动作要慢，支撑腿下蹲，蹲到最低点时不要停顿，前举腿始终保持稳定。

练习次数：每组10~15次，重复3~5组，每组间歇60~90秒。

（5）弓步跳的具体描述如下。

练习目的：主要发展股四头肌、股二头肌、小腿三头肌的力量。

准备姿势：上身挺立，双手背后面，下肢成弓步状，前腿膝关节弯曲，膝关节不要超过脚尖，后腿前脚掌着地，膝关节略弯曲。

练习方法：双腿同时用力蹬地，向上跳起时两腿同时交换，落地成弓步，连续练习。

动作要领：上身挺立，不要前倾，连续跳时保持适宜节奏，动作幅度尽量大，要有弹性。

练习次数：每组20~30次，重复3~4组，每组间歇120~150秒。

（6）高抬腿跑的具体描述如下。

练习目的：主要发展小腿三头肌、股四头肌和髂腰肌的力量。

准备姿势：身体直立，两脚分开约40厘米站立，小臂上抬，肘关节弯曲成90度。

练习方法：一条腿用力蹬地，另一条腿屈膝上抬；上抬的腿下落的同时另一条腿迅速蹬地上抬，两腿交替重复上述动作，连续练习。

动作要领：上身挺立，摆臂、摆腿协调用力，动作幅度要大，动作要快，行进路线为直线，保持连续的快节奏并富有弹性。

练习次数：每组30~40次，重复3~4组，每组间歇120~150秒。

4.核心区平衡和稳定训练方法

（1）平衡球四点支撑平衡练习的具体描述如下。

练习目的：主要发展腹直肌、多裂肌的力量。

准备姿势：双腿支撑在平衡球上，成俯卧撑姿势。

练习方法：双手支撑于地面，双腿支撑在平衡球上，成俯卧撑姿势。屈膝收小腿，双手向后逐渐靠近平衡球。双手扶球，身体蜷在平衡球上，双膝和双手成四个平衡支撑点。

动作要领：大腿与小腿的折叠角度可以增大到90度，增加平衡难度，先将一只手离开地面，扶在平衡球上，单手平衡后双手都可以离开地面。

练习次数：每组30秒，重复3~4组，间歇90~120秒。

（2）平衡球双膝支撑平衡练习的具体描述如下。

练习目的：主要发展腰方肌、腰大肌、腹直肌的力量。

准备姿势：双腿支撑在平衡球上，成俯卧撑姿势。

练习方法：这个练习在上一个练习的基础上进行。在四点支撑的基础上，上身抬起直立，双手叉腰，双膝跪在平衡球上。

动作要领：缓慢地将身体抬起，保持身体直立。保持核心部位紧张，面向前方。

练习次数：每组8~15次，重复2~3组，每组间歇60~90秒。

（3）平衡球单膝支撑平衡练习的具体描述如下。

练习目的：主要发展腰大肌、腰方肌、腹直肌、臀大肌、臀中肌的力量。

准备姿势：双脚前后开立，平衡球置于双腿之间；一条腿跪在平衡球上，另一条腿支撑于地面。

练习方法：前腿支撑，后腿屈膝，将膝盖置于平衡球顶部。支撑腿抬起，双手举起，保持身体平衡。

动作要领：在前两个练习完成的基础上做这个练习。在练习初期，先用自由脚点地的方式来帮助保持平衡。膝盖支撑在平衡球上时，臀部不要坐在小腿上。双肩保持水平，面向前方。

练习次数：每组9~15次，重复3~4组，每组间歇60~90秒。

（4）双手扶平衡球、脚踩平衡垫俯卧撑的具体描述如下。

练习目的：主要发展前锯肌、腹直肌、腹横肌、臀大肌的力量。

准备姿势：双手支撑于平衡球上，双脚支撑于平衡垫上，成俯卧撑姿势。

练习方法：将平衡球放置在面前，平衡垫放置在两脚之间，身体前倾将双手支撑在平衡球顶部，稳定后将双脚支撑在平衡垫上，躯干保持伸直。身体稳定后，做俯卧撑。

动作要领：双脚的距离与肩同宽，减小双脚距离可以增加平衡难度。双手的距离与肩同宽，减小双手距离可以增加平衡难度。躯干保持挺直，臀部不要翘起。

练习次数：每组10~15次，重复3~4组，每组间歇90~120秒。俯卧动作用时3秒，撑起动作用时2秒。

(5)用平衡球和实心球支撑平衡练习的具体描述如下。

练习目的：主要发展臀大肌、腹直肌、腹横肌、胸大肌的力量。

准备姿势：双脚支撑在平衡球上，双手撑地，面前放一个实心球。

练习方法：双脚支撑在平衡球上，双手距离与肩同宽，两手之间放置一个实心球，成俯卧撑准备姿势。双臂屈肘将身体快速撑起，双手支撑在实心球上。稳定后双手回到地面，还原。

动作要领：用实心球增加了平衡难度，改变实心球的硬度和大小可以改变平衡难度。练习时始终保持身体的平衡，保持核心部位的紧张。臀部不要翘起或塌下。

练习次数：每组10~15次，重复2~3组，每组间歇90~120秒。双手支撑实心球静止2~3秒。

三、快速力量素质训练

快速力量是运动系统和神经系统动员其潜力在最短时间内表现出最大力量的能力，包括启动力量、爆发力、制动力及反应力量。快速力量水平的提高主要取决于肌肉的收缩速度、最大力量及协调能力。

快速力量是速度与力量综合在一起的一种特殊力量素质的体现。它具有速度与力量的综合特征。运动员在完成动作时，所用的时间越短，发挥的力量越大，表现出来的快速力量也就越大。在体育运动中，运动项目成绩的提高一般是快速力量起着决定性作用。

快速力量水平的提高主要取决于肌肉的收缩速度、最大力量及协调能力，是在神经系统的支配下速度、力量及协调性的综合表现。快速力量训练主要是通过主动肌完全动员、协同肌适度动员以及对抗肌的抑制完成的，因此，快速力量训练也是协调能力的训练。

（一）快速力量的诸要素及相互关系

在现代运动训练中，运动员要想获得良好的竞技水平和运动成绩，快速力量训练是一个必不可少的前提条件。早在20世纪60年代，快速力量训练的重要性已经被国内外专家普遍认可，相关项目训练方法的研究与实践促进了快速力量研究理论的快速发展。

1. 快速力量与最大力量的关系

研究表明，运动员快速力量提高的一个非常重要的先决条件就是最大力量的增长。最大力量是影响速度力量的主要因素，而提高最大力量的目的是尽可能地加快动作速度，因此要根据专项动作的特点来确定发展最大力量的训练计划。

虽然提高最大力量是发展快速力量的一个重要方面，但并不是训练的最终目的，要在发展最大力量的基础上提高速度水平。目前发展力量常用的方法是高强度训练法，即用运动员最大负荷强度的80%~100%做重复训练。同一练习重复数一般控制在7~8次。

2. 快速力量与运动速度的关系

人们通常认为速度力量与运动速度是独立的两种不同的素质，有各自的训练方法与手段，实际上速度正是力量作用的结果。速度产生的基础是肌肉收缩，快速的肌肉收缩能够使运动表现更加良好。因此动作速度的训练和快速力量训练是密不可分的。

为了让快速力量收缩形式更加符合速度收缩形式，不仅要采用"最大力量训练法"和"最大爆发力训练法"（80%~90%最大负荷，3~4组，每组1~2次），也要采用"快速完成小负荷和中等负荷训练方法"（30%~60%最大负荷）来作为快速力量的训练方法。快速力量最终的运动表现是运动速度，它是全身神经、肌肉整体协调配合的结果，而并不是孤立肌群收缩的结果。

3. 快速力量与协调性的关系

从运动训练学角度看，快速力量和协调性是两种对力量的诠释形式，但它们都会对运动表现产生影响。快速力量强调肌肉收缩速率，而全身整体的神经、肌肉协调、配合是协调性的表现。快速力量强调负荷和强度，协调性强调动作的支配。

在体能训练中，快速力量和协调性要紧密结合起来，特别是在快速力量的动作设计中强调运动链的协调，而协调性训练强调肌肉的快速收缩。

（二）快速力量的练习形式

快速力量的练习形式多种多样。在通常情况下，仅用徒手训练的方法就可以发展快速力量，但是对于大众体育球类运动来讲，则需要更大的强度来发展快速力量，这就需借助一些训练器械来完成。

1. 徒手训练

徒手训练指在不借助任何器械的情况下，单靠克服自身体重完成特定动作以发展快速力量的练习形式。徒手练习的优点是不受器材和场地的限制，随时随地可以进行练习。其缺点是由于每个运动员的肌肉素质和体重都是不一样的，对运动员施加的负荷强度难以控制。此外，对于球类项目的高水平运动员来说，单靠自身体重并不能满足训练的需求。

2. 自由重量训练

自由重量训练不但可以发展运动的最大力量、肌肉力量，还可以用于发展快速力量。自由重量训练器材主要包括杠铃、哑铃和壶铃，比较简单，但用途广泛。杠铃可以施加大小不一的负荷强度。而哑铃就小很多，所能施加的负荷也就相对较小，但是哑铃的不稳定性较高，可以通过增加训练难度的方式来提高训练的强度。壶铃比哑铃更加不稳定，更加难以控制。

虽然自由重量有诸多优点，但其缺点也显而易见。如果自由重量的负荷来源是地心引力，那么所有的负荷都是竖直向下的，但球类项目中，并不是所有的动作都要求快速力量表现出竖直向下的力量，如投篮就是要求表现出向上、向前的快速力量，自由重量的训练动作模式和某些项目需求的动作模式结合度不高。

3. 弹力带训练

弹力带如今已经广泛应用于多种项目的体能或康复训练中。弹力带训练是借助弹力带的弹性阻力来发展快速力量的练习形式。弹力带有独特的优点，如弹力带的弹性轨迹可以根据项目需要任意安排，可以水平、竖直、上斜。

此外，弹力带的弹性不但可以用于助力训练，也可以用于抗阻训练。因为弹力带的弹性性能是根据其拉伸程度而变化的，在弹力带被拉长到极限时其弹性势能储存得最多，收缩的速度也最快，当训练动作速度时，可以借助弹力带的这个特点为来进行助力训练，也就是借助弹力带的收缩力和速度、顺着弹力带的收缩方向来发展运动员快速力量的动作速度。

当然，弹力带弹性势能储存的特点也是其最大的缺点。弹力带用于抗阻训练时，弹力带的弹力会随着其被拉伸的程度而提高，在动作的初期弹力带的负荷最小，而运动末期弹力带的负荷最大，这不但违背了大多数体育项目中的发力模式，而且使得在动作末期本应速度最快的时候反而因为阻力的增加造成动作变缓。

4. 实心球训练

实心球训练是通过向各个方向投掷实心球的训练形式进行快速力量训练的一种体能训练方法。

实心球训练方法的优点：首先，可以根据项目技术动作来变化和设计各种投掷实心球的动作；其次，投掷实心球既符合项目技术的发力模式，又能够充分发挥快速力量中的动作速度；再次，调整实心球的重量可以用于各种形式的快速力量训练。

（三）快速力量训练的要求

（1）动作速度要快且不能出现速度减慢。

（2）负荷强度大小适宜。

（3）快速力量训练的次数要少，不能出现速度减慢现象。

（4）快速力量训练的组数不宜多，不能出现速度减慢现象。

（5）安排合适的间歇时间。间歇时间太短，身体得不到充分的恢复，会让下一组练习速度变慢；间歇时间太长会导致神经系统的兴奋性降低。

（6）快速力量训练应该安排在一次训练的最前面。

（7）两次快速力量训练的间隔应该在48~72小时。

（四）快速力量训练的常用方法

1. 徒手练习

（1）俯卧撑跳的具体描述如下。

练习目的：发展上肢连续爆发力。

练习方法：呈俯卧撑姿态，重心下降，屈臂到90度时快速推起身体，连续5~8次。

动作要领：两手的距离大于肩宽，不宜过窄；屈臂后快速地全力推起身体，尽可能快。

（2）快速摆荡引体向上的具体描述如下。

练习目的：发展上肢连续快速力量和全身协调性。

练习方法：双手宽握，摆荡时快速将身体拉向横杆，连续5~8次。

动作要领：下落后快速将身体拉起，尽可能快。

（3）蹲跳起的具体描述如下。

练习目的：发展下肢快速启动力量。

练习方法：起始姿势为半蹲（屈膝135度），快速跳起。

动作要领：注意起始和落地姿势，尽可能快而高地全力跳起。

（4）连续纵跳的具体描述如下。

练习目的：发展下肢连续快速力量。

练习方法：起始姿势为半蹲状态，接收信号后快速跳起，连续5~8次。

动作要领：落地后快速跳起，强调快而高、连贯。

2. 自由重量练习

（1）杠铃负重半蹲的具体描述如下。

练习目的：发展最大爆发力。

练习方法：屈蹲角度为135度，负重采用70%~85%一次重复最大力，尽全力完成6次。

动作要领：保持姿势，注意调整负荷。

（2）负重剪蹲跳的具体描述如下。

练习目的：发展下肢快速力量，特别是爆发力和制动力量。

练习方法：负重30%一次重复最大力，剪蹲，微屈膝，前脚发力，快速跳起，跳到最高处换腿。

动作要领：注意姿势，强调落地弹起速度。

（3）负重快推的具体描述如下。

练习目的：发展上肢快速力量。

练习方法：负荷采用30%一次重复最大力，双臂微屈，快速向上推出杠铃杆，双手接住落下的杠铃杆再快速推起，连续5~8次。

动作要领：注意姿势，单手屈臂不要超过90度，强调快速推杆的高度。

3. 弹力带练习

（1）快速斜拉的具体描述如下。

练习目的：发展全身协调快速力量。

练习方法：蹬地发力，将力传至肢体末端，从下至上快速拉动弹力带。

动作要领：注意姿势，蹬地发力和躯干动作是一体的，不能脱节。

（2）快速冲拳的具体描述如下。

练习目的：发展全身协调快速力量。

练习方法：双手抓握弹力带，弓步站位，蹬地发力，通过躯干扭转的力量将力传至肢体末端。

动作要领：注意姿势，蹬地发力和躯干动作是一体的，不能脱节，强调速度和连贯性。

（3）旋体拉弹力带的具体描述如下。

练习目的：发展全身快速力量。

练习方法：弓箭步站位，双手持弹力带，蹬地发力，通过躯干扭转的力量将力传至肢体末端，将弹力带从右下方拉向左上方。

动作要领：旋转时通过转体发力，强调动作的爆发力和连贯性。

4. 实心球训练

（1）前抛实心球的具体描述如下。

练习目的：发展全身协调快速力量，特别是躯干的爆发力。

练习方法：选择4~5千克实心球，将球举过头顶，将球迅速抛出。

动作要领：起始姿势后背不要过后伸，下肢蹬、伸连贯。

（2）后抛实心球的具体描述如下。

练习目的：发展全身快速力量，特别是躯干的爆发力。

练习方法：选择4~6千克实心球，屈蹲，将球放于腰以下（胯下），将球迅速向后抛出。

动作要领：后背收紧，发力时不要过度后伸，下肢蹬伸连贯。

（3）侧抛实心球砸墙的具体描述如下。

练习目的：发展连续快速力量。

练习方法：选择4~6千克实心球，侧抛砸墙，接到球后快速转体发力侧抛，连续8~10次。

动作要领：抛出球后快速接球，再迅速抛出球，动作幅度不宜过大。

四、协调素质训练

协调素质指人体运动时各身体部位、多个系统配合，有效、合理地完成特定技术动作的过程，是神经系统的控制能力、动作衔接能力、节奏变化能力、空间定向能力、身体平衡能力、应变能力、视听分辨能力以及本体感知能力等多种能力的综合体现。

（一）协调素质的概念和训练方法

1. 协调能力的概念

协调能力包括节奏、控制、平衡、定向、衔接、分辨、反应、感知等。人们在运动时，需要几乎身体各个部位共同参与。传统的训练理论常把协调能力视为与力量、速度、耐力并列的运动素质。

现代体育科研提出了关于协调的另一个观点,即它是人体运动系统各部分在时空配合方面的特征描述。近年来,越来越多的学者对协调能力又有了新的理解,提出协调属于运动技能的范畴,是运动技能形成与获得的核心部分。协调能力是在技术动作发生过程中神经、肌肉、感知觉合理配合、快速一致地完成动作的结果。

协调素质是运动员运动素质的重要组成部分,是节奏变化能力、神经控制能力、空间定向能力、动作衔接能力、身体平衡能力、视听分辨能力、应变能力以及本体感知能力等多种能力的综合体现,其本质是对各种能力的协同、整合,在此基础上增加运动的速度和肢体的动作。

2. 协调素质训练的常用方法

(1) 配合练习法：有目的地组织专门的练习去培养某两个部位或两个系统、两个肌群之间的协同功能练习,例如乒乓球运动员左打右的练习。可以专门组织非常规的配合练习,如双臂下摆的纵跳。

(2) 变换练习法：在训练中经常变换练习的方式、节奏、方向、速率、力量等,可有效地发展运动中的协调能力,例如左、右手交替投篮、运球,用左、右脚交替踢球,交替进行向前、向侧、向后助跑的跳跃练习,与不同人数的同伴或对手同场练习。

(3) 渐进练习法：由易到难,由简到繁,循序渐进,逐步增加练习的内容,逐步提高练习的复杂程度,可以有效地提高运动员的协调能力。例如,先做简单反应练习,后做复杂反应练习；先做团身前滚翻练习,再做团身前滚翻练习接团身后滚翻练习。

(4) 加难练习法：加大练习难度,在更为复杂的环境、更为困难的条件下让练习者练习,也是发展运动员协调能力的有效方法。例如,乒乓球运动员打点练习,篮球运动员绕过场地上设置标杆模拟运球突破练习,小场地足球练习。

(二) 身体协调能力训练

1. 神经协调能力(放松能力)训练

利用放松的机会发展协调性非常重要,但并不是要求同准备活动一样天天安排。要注意选择适当的内容与放松动作相结合,穿插几个小肌群的抖动动作或健美操动作,目的是边放松边体验在疲劳状态下控制、把握自己对动作的支配能力。

2. 肌肉协调能力(平衡能力)训练

肌肉协调分为肌肉内和肌肉间的协调。肌肉内的协调指运动单位之间激活的具体形式，主要表现为运动单位的协同性和同步性；而肌肉间的协调指特定的任务下肌肉之间相互作用和激活的形式，主要表现为单关节中主动肌和对抗肌的作用，还有很多关节中主动、被动、协同及固定肌群之间的协调作用。

在球类运动体能训练中，可通过对多关节、多肌群的训练动作提高肌肉协调能力，比如上举动作，刚开始斜方肌应该处于放松状态，到伸直时才能收缩用力，但大多数运动员常犯的错误都是在初期斜方肌过早收缩而导致动作变形，从而影响了动作质量和训练效果。

（三）技术协调能力的训练

技术协调能力训练可分为综合协调素质训练和分解协调素质训练两种。综合协调素质是在训练和比赛中的协调能力，要求运动员注意完成动作的协调性。分解协调素质指将协调区分为多种协调能力，如反应能力、平衡能力、节奏能力、空间定向能力、时间感知能力、专门感觉能力。

1. 反应能力的训练

反应能力指人的神经系统及动作的快速应答能力，运动员的反应能力直接影响着运动员协调能力的水平。反应能力的训练通常会采用提升反应速度的方法。

（1）抓接力棒训练的具体描述如下。

训练目的：提高眼睛和手的反应能力。

训练方法：先拿着接力棒，然后松开使其自然降落，再换另一只手在接力棒落地前把它抓起，也可以请同伴互相交替训练。

（2）抓网球训练的具体描述如下。

训练目的：提高反复移动、瞬间变换方位的反应能力。

训练方法：在教练员抛出球的瞬间向球的方向移动，在球从地面弹起一次后将球抓住，或在空中将球抓住。动作熟练后，可逐渐加大两人之间的距离或球的速度来增加难度。

（3）投掷海绵球训练的具体描述如下。

训练目的：提高肢体与手、眼协调的反应能力。

训练方法：运动员背向墙壁站立，教练员与运动员相距3~5米，向墙壁方向的运动员投掷海绵球，运动员要设法躲开投来的球。教练员每次连续投20个球。

2. 平衡能力的训练

平衡能力指人体维持平衡的能力。人体控制稳定姿势的能力是保证人体基本静态位置的关键能力，也是人体有效地完成某一动作的基础。运动员的平衡能力可以分为静态平衡和动态平衡能力。

实践中，以下方法可以通过加强关节稳定性来训练平衡能力。

进行负重练习。可以通过改变负重量、控制用力的大小来提高运动员控制肌肉的能力。

在各种器械上模仿比赛动作练习。要求在最大用力的60%~100%的范围内改变用力的大小。在力量训练器械上通过不断改变阻力的大小训练运动员的平衡能力。

3. 节奏能力的训练

节奏能力指在运动过程中完成动作的时间和力度上呈现出来的快慢、强弱有序变化的能力。其常用训练方法如下。

用固定的频率完成强度不同、距离不同的训练，要求在每一段训练中保持固定的频率。用固定的频率完成固定的动作训练，如运球、扣球等固定动作组合的训练。

也可采用变换训练法来提高运动员控制节奏的能力。以网球为例，在平时的训练中，运动员可以运用两种以上有力度且稳定的击球能力。运动员分别在上升期、高点期、下降期回击球，而教练员也应注意给球的落点不要距离运动员太远，速度不要太快，以丰富单项技术变化、减少结合变化为主，循序渐进地进行训练。

4. 空间定向能力的训练

空间定向能力指运动员对外界物体或场地的空间位置及其对自身运动的空间位置的判断能力。空间定向能力主要评价指标就是对技术动作控制的精确水平。

控制动作的精确性作为完成某一技术动作的关键因素，对运动员的空间定位能力起决定性作用。如篮球的投篮动作要求运动员准确地控制肌肉的工作，精确地移动；排球、乒乓球等得分类运动项目要求运动员具有很强的空间定向能力，通过瞬间的操作来控制完成动作的方式与发力的时机。

空间定向能力训练对球类运动非常重要，可在各球类运动场地采用步伐练习和配合练习进行训练。

5. 时间感知能力的训练

时间感知能力指运动员对完成动作的时间准确判断的能力。时间感知能力的培养常采用以下方法。

变速完成一定距离的练习。应预先设定练习目标（时间目标等），可规定速度的变化方式，要求运动员尽可能按规定的速度完成练习，逐渐增加规定距离的长度。

练习后要求运动员将实际练习速度与主观感觉速度进行比较，以提高运动员的时间感知能力。

6.距离感知能力的训练

距离感知能力指运动员对距离的准确判断与控制能力。该能力对足球、篮球中的长距离传球尤为重要。其训练可采用重复练习，如羽毛球的后场多球训练、篮球的长传训练。

7.专门感觉能力的训练

专门感觉能力指在进行运动项目时所形成的感觉能力。专门感觉能力与运动项目的动作方式以及运动环节紧密相关。如排球运动员的手感、网球运动员的球感都是通过在相应的环境中训练而获得的。专门感觉能力的训练可采用重复训练法，如乒乓球多球练习。

五、速度素质与灵敏素质训练

速度指快速运动的能力，而灵敏指运动员急起、急停、变向、再加速的运动能力。速度素质是灵敏素质的基础。

（一）速度

1.速度的概念

速度指人体快速运动的能力，也是决定运动成绩的重要因素之一。速度素质与爆发力密不可分。速度素质按照与专项技术的关系，可分为一般速度和专项速度；按不同的表现形式，可分为动作速度、反应速度以及移动速度。

在大众体育球类运动中，速度主要体现为人体快速完成动作的能力、对外界信号刺激快速反应的能力以及快速位移的能力。速度是决定运动成绩的重要因素，在一定程度上决定着比赛的成败。

2.速度的基本表现形式

（1）反应速度：指在一个刺激或信号之后用一个动作在最短时间内做出反应的能力。

反应速度主要取决于感受器的敏感程度、中枢延搁和效应器的兴奋性。例如，羽毛球运动员在短时间内（90~120毫秒），根据对方的技术动作或击球声音，快速判断球的飞行轨迹和落地点从而迅速做出相应的技术动作。

（2）动作速度：指人体完成某个动作或某一系列动作所用的时间，包括分立动作速度、序列动作速度以及动作速率。

单个技术动作速度如篮球运动中投篮时的出手速度、羽毛球运动中的挥臂扣杀速度。成套动作速度如篮球三打三战术中完成全套动作的速度。

（3）频率速度：又称动作频率，是指在单位时间内动作重复的次数，频率速度与动作节奏密切相关。

频率速度对大众体育球类运动至关重要，但应该指出的是在球类运动中频率速度多以非周期性的形式出现。

（二）灵敏

1. 灵敏的概念

灵敏是一种加速、减速、变向和再加速的能力。灵敏的标志就是运动员保持身体平衡的同时，快速、有效、爆发性的身体移动。

灵敏被认为是速度、柔韧、力量等素质的综合反映，体现了动态平衡、协调性和爆发力等能力。平衡能力能够在静止或运动时保持重心的稳定。协调是保证身体运动与器官协调配合的能力。爆发力是保障肌肉或肌肉群快速克服阻力的能力。在对抗运动中，尤其是在球类对抗项目中灵敏性占有重要地位。

2. 灵敏素质

从运动训练的角度讲，灵敏素质可分为一般灵敏素质和专门灵敏素质两类。一般灵敏素质指在完成种种复杂动作时所表现出来的应变能力。专门性灵敏素质指各专项运动所需要的、与专项技术有密切关系的以及适应外界环境变化的特有能力。

（三）速度素质训练的常用方法

1. 动作速度训练方法

以羽毛球项目为例，在羽毛球运动中移动要连贯，如上右网前步伐、上左网前步伐、正手后退右后场步伐、后退左后场步伐、左右侧防守移动步伐、起跳腾空步伐，每一个动作都要以运动连贯性为基础，因此要提高动作速度就必须熟练每个动作。

（1）多球练习的方法如下。

快速封网练习：两人一组交替练习。练习者站在网前发球线附近准备，陪练者站在场地另一侧快速、持续地平发球，练习者快速、持续地在网前封网。以每人 30～40 个球为标准，交替练习。

快速击全场球练习：两人一组，练习者站在单打场地中心准备，陪练者站在场地另一侧向练习者发各种位置的球（如前场球、网前小球、中后场平高球），要求陪练者发球连贯性好、速度快，保证练习者能够快速、连续地接球并回击。

多球前场快速接吊、杀球练习：练习者于中场做准备，陪练者站在场地另一侧向练习者发各种位置的球。练习者要跟上发球速度，连续、快速地回击。

（2）快速跳绳练习的方法如下。

单足快速变速跳练习：采用 1 分钟快速度、1 分钟慢速度交替的方法做快速变速跳绳练习。

1 分钟快速双摇练习：在 1 分钟内以最快的速度完成双摇双足跳。

下肢快速步频练习：包括原地快、慢变速高频率小密步快踏步练习，原地快、慢高抬腿变速练习，原地快、慢向前、向后屈腿变速练习，行进间快、慢体前左右交叉步练习，原地快、慢变速向前小垫步接向后蹬转练习。

2. 反应速度训练方法

反应速度训练方法主要有以下几种：20 米急跑、急停练习；10～30 米加速跑练习，要求运动员由慢到快突然加速跑至终点；听口令或看信号做各种变速跑；视听信号变速冲刺跑练习；看手势进行各种向前、向后、向左、向右的并步、垫步步法练习，以提高选手的反应速度。

（四）灵敏素质训练的常用方法

1. 闭式灵敏素质训练方法

闭式灵敏练习可在高速运动中进行，但在最初的训练过程中，必须控制好练习速度，如围绕 T 字形锥形物穿梭跑。这些训练都是按照已知的标准形式来改变运动的方向，不存在自发性动作。如果掌握了这些训练方法，运动成绩会得到改善，力量、爆发力、柔韧性和身体控制能力也会提高。

2. 开式灵敏素质训练方法

球类运动中，开式灵敏素质训练更符合专项的需求。开式灵敏素质训练是灵敏素质训练最重要的手段，也是最难掌握的训练方法。

开式灵敏素质训练方法主要有三种：第一种是躲闪、追逐练习，如把两个人用一根绳子拴住,然后进行躲闪练习;第二种是抛接练习,如不规则球的抛接球练习;第三种是专门性灵敏练习,如结合专项特征的一些练习。

六、耐力素质训练方法

(一)耐力素质的概念与意义

耐力素质是身体素质的重要组成部分,所有运动员都必须具有相应的耐力素质。

1. 耐力素质概念

耐力素质指人体在长时间工作或运动中克服疲劳的能力,也是反映人体健康与否或体质强弱的一个重要指标。疲劳是人体的一种生理现象,人体经过长时间的运动,必然会产生疲劳,使运动员的运动能力下降,这是人体的一种自我保护。

2. 耐力素质的意义

耐力素质是人体的基本身体素质之一。在运动强度巨大的大众体育球类运动中,耐力素质的意义重大。

耐力训练可以提高运动员的呼吸系统和循环系统的功能,从而提高抗疲劳能力,这无疑对创造优异的成绩是有利的。

耐力训练可以使血氧供应充分,还能促进训练后疲劳消除,使有关生理、生化功能得到提高。

合理的耐力训练能提高运动员的抗疲劳及疲劳后人体快速恢复能力。耐力训练可以培养运动员坚毅、顽强、勇于克服困难的意志,这对培养运动员良好的心理素质及技术、战术的发挥很重要。随着体育运动的发展,球类运动的竞争更为紧张激烈,运动员消耗的体能也比以往更多,所以比赛不仅比技术、比战术,还比耐力。

(二)耐力素质训练的常用方法

耐力素质训练的方法较多,而且每种训练方法各有特点。

1. 持续训练法

持续训练法指负荷强度较低、负荷时间较长(不少于30分钟),连续地进行练习的训练方法,主要用于提高有氧代谢能力和心肺功能。持续训练时,平均心率一般控制在140~160次/分为宜,优秀运动员可达到160~170次/分。

持续训练主要用于发展一般耐力,有利于提高负荷强度不高、过程细腻的技术动作,可使人体运动机能在较长时间的负荷刺激下产生稳定的适应,让器官产生适应性的变化。

2. 重复训练法

重复训练法指不改变动作结构和负荷的大小，按照规定间歇，在人体完全恢复的情况下反复进行训练的方法。

重复训练法能加强能量代谢，既有利于提高有氧耐力，又有利于提高无氧耐力。

重复训练法每次练习的负荷量与强度的大小可根据具体任务和目的来安排。每次训练前人体需恢复到原来训练前的水平，即心率100~120次/分的水平。每次训练需保证强度在中等偏上的范围内，从而使人体的耐力水平得到有效的提高。如果进行长时间的重复训练，强度比持续训练法大，更有利于有氧耐力的提高。如果强度为极限强度的90%~100%，则有利于无氧耐力的提高。

3. 间歇训练法

间歇训练法指对多次练习的间歇时间严格把控，使人体在不完全恢复的状态下反复进行练习的训练方法。

间歇训练对练习的距离、强度及间歇时间有严格的规定。在身体机能未完全恢复时就开始下一次练习，这对人体机能要求较高，还能引起人体机能的变化。

4. 变换训练法

变换训练法指在变化各种因素的条件下反复训练的方法。耐力训练比较枯燥，采用变换训练法可以在一定程度上提高运动员的训练兴趣和积极性，从而提高训练效果。

变换训练法所变换的因素有训练时间、训练次数、训练形式、训练条件、训练环境、间歇时间、间歇方式与负荷等。

对以上因素只要改变其中一个就会对运动员造成负荷刺激，因此，变换训练法的核心是变换运动负荷。变换运动负荷的形式一般有逐渐增加负荷、逐渐减少负荷及负荷时增时减。

5. 高原训练法

高原训练法利用高原缺氧的条件进行训练。此方法有利于刺激人体，提高最大吸氧能力，从而提高运动员的有氧耐力和无氧耐力。

6. 循环训练法

循环训练法指根据训练的具体任务，将训练设置为若干个练习，按照既定的路线和顺序，依次完成每个练习任务的训练方法。

循环训练法可以有效提高水平不同的运动员的积极性，合理地增大练习密度，根据具体情况对训练随时加以调整，防止局部负担过重，延缓疲劳的产生。

（三）无氧耐力的训练

1. 原地间歇高抬腿跑

原地做快速高抬腿练习，每组练习 5 秒、10 秒或 30 秒，做 5~8 组，要求越快越好。

2. 一分钟高抬腿练习

做 6~8 组，组间间歇 2~4 分钟，练习强度为最大强度的 80% 左右，要求动作规范。

3. 反复跑

跑距为 60 米、80 米、100 米、120 米，重复次数应该根据运动员的水平以及跑距而定，一般每组 3~4 次，重复 4~6 组。练习时运动员心率应达到 180 次/分，间歇时运动员心率恢复至 120 次/分时，进行下一次练习。

4. 间歇行进间跑

行进间跑距为 30 米、60 米、80 米、100 米、120 米，3 次/组，重复 3~4 组，需要计时。

5. 计时跑

可以进行短于专项距离或长于专项距离的重复计进跑。重复次数应根据运动水平及跑距而定，距离短，强度大些；反之，强度稍小。

6. 间歇拉力跑

在跑道上，6 人组成 3 组，每人跑 200 米交接棒，每人重复 6~10 次，要求控制每棒跑的时间。

7. 迎面接力反复跑

在跑道上，两队相距 100 米，每队 4~6 人，进行迎面接力跑，每人重复 5~6 次，控制每棒时间，练习强度为最大练习强度的 70%~80%。

8. 反复加速跑

在跑道上加速跑 100 米，跑完后慢跑回起点，再继续加速跑，反复 8~10 次，练习强度为最大练习强度的 70%~80%。

9. 上下坡变速跑

在 7~10 度的斜坡跑道上做上坡加速跑，跑距为 100~200 米，下坡时放松慢跑回到起点，每组 4~5 次，做 5~6 组。

10. 反复连续跳台阶

在每阶高 20 厘米的楼梯或高 50 厘米的看台上，连续跳 30~40 步台阶，每步 2~3 级，重复 6 次，每次间歇 5 分钟，练习强度为最大练习强度的 60%~70%，要求动作不间断，也可定时完成。

11. 法特莱克跑

在场地、田野或公路上，用不同的速度跑 3 000~4 000 米，可以采用阶梯式变速方法，如 50 米快—100 米慢—100 米快—150 米慢。

（四）有氧耐力的训练

1. 定时跑

在场地、公路或树林中做 10~20 分钟的计时跑，练习强度为最大练习强度的 50%~60%。

2. 定时定距离跑

在场地或公路上做定时跑完固定距离的练习，如在 14~20 分钟内跑完 3 600~4 800 米。

3. 变速跑

变速跑在场地上进行。快跑段、慢跑段距离应该根据专项任务与要求而定，一般以 400 米、600 米、800 米进行变速跑。每组重复次数 6~8 次，做 1~2 组，每组间歇 10~12 分钟。快跑段心率控制在 140 次/分左右，慢跑段心率恢复到 120 次/分左右，间歇时间心率恢复到 100 次/分左右，再开始下一组练习。

4. 重复跑

重复跑在跑道上进行，重复跑的距离、次数与强度也应该根据专项任务及要求来决定。发展有氧耐力时，强度不应大，跑距应长些。一般重复跑距离为 600 米、800 米、1 000 米、1 200 米、1 500 米，重复次数为 4~8 次，练习强度为最大练习强度的 50%~55%。

5. 越野跑

越野跑在公路、草地、沙滩、山坡等场地进行。跑的距离一般在 4 000 米以上，最长可达 20 000 米。如果以时间计算，一般在 20 分钟以上。练习强度为最大强度的 40%~50%。

6. 5 分钟循环练习

根据需要选择 5~8 个练习，组成一套循环练习，进行 5 分钟以上，做 3~4 组，每组间歇 5~10 分钟，心率在练习结束时控制在 140~160 次 / 分，休息后恢复到 120 次 / 分左右，再开始下一组练习。练习强度为最大练习强度的 40%~60%。

第三节 专项运动素质的训练方法

运动员除了需要拥有优秀的身体素质外，还要具有良好的专项运动素质。只有专项运动素质突出，才能更好地使用和完成技术，圆满地完成比赛前所布置的战术。通过专项运动素质训练，大众体育球类运动员能获得良好的专项体能，形成较为稳定的心理素质，从而在比赛中稳定地发挥出技术、战术水平，有利于取得好的成绩。

一、球类专项运动素质训练意义与原则

（一）球类专项运动素质训练的意义

1. 能为专项技术的应用打下基础

运动员通过专项运动素质训练能提高专项技术所需的各项运动素质，在球类比赛中较好地应用各项技术。

2. 有利于运动员适应大负荷训练

专项运动素质训练具有较大的运动量和运动强度，能促进运动员体能水平提升，完成负荷更大的训练任务。

3. 确保运动员完成高强度比赛

专项运动素质训练不但能提高运动员的体能水平，而且对运动员的心理素质进行了磨炼，让运动员更能适应高强度的球类运动比赛。

4. 能有效地延长运动员运动生涯

运动员的运动生涯和运动素质密切相关。通过专项运动素质训练，运动员的各项素质保持在一定水平，对延长运动员的运动生涯意义重大。

(二)球类专项运动素质训练的原则

1. 技术应用原则

技术应用原则指在球类专项运动素质训练中,一定要依照各球类运动项目的技术、战术和专项需求,进行训练的计划与安排。

2. 个体差异原则

个体差异原则指在球类专项运动素质训练中,要从训练对象出发,按照个体不同的特点,结合具体情况,灵活地调整体能训练的量与强度。

3. 循序渐进原则

循序渐进原则指从运动素质训练开始到结束,都要按照训练的客观规律,循序渐进、由简入难地进行训练。

4. 全面发展原则

全面发展原则指在训练中要充分提升运动员的运动素质,促使运动员的各项运动素质得到全面发展。

二、球类专项运动素质训练的主要方法

(一)篮球运动专项素质训练的方法

1. 篮球运动专项耐力素质训练方法

(1)跳绳加速跑训练:训练中两臂正摇原地跳绳3~5分钟,进行3~5组,每组间歇时间为1~3分钟。运动强度为最大强度的60%~70%。训练结束时,心率为150~170次/分,间歇时通过积极恢复的方式放松,初步调整后继续训练。

(2)间歇跑训练:间歇跑运动量大,训练时间短,所以负荷较大。运动员间歇跑后心率可达到170~180次/分。在身体疲劳还没有完全消除的状态下再进行下一组训练,这时运动员的心率一般为170~190次/分。间歇跑训练要求持续较长时间,应至少达到30分钟。两组训练之间应采用慢跑等方式放松。

(3)持续耐力跑训练:耐力跑的负荷量应以接近极限为宜,持续运动时间应在1小时以上,心率一般控制在160~170次/分,要求匀速、持续、不间断。

(4)变速跑训练:变速跑要求将快速跑和慢速跑结合,根据运动员的不同体能情况确定训练负荷,强度应循序渐进,逐渐提高。训练的持续时间一般为60分钟。

(5)楼梯跑训练:利用楼梯或楼梯状设备,匀速跑动20~30分钟,重复2~3

次，每组间歇3~5分钟，强度为中等运动强度，跑动下楼时进行身体放松。在两组之间，也可进行一组（10个左右）蹲跳起或屈腿跳训练，也可进行1~3组原地蛙跳训练。

（6）后蹬加速跑训练：在标准田径场内进行，每组30~50次，进行3~5组，组间间歇时间为3~5分钟。强度为中等运动强度。

（7）多人加速跑训练：每组由3~5人组成，交替进行60米左右的全力加速跑训练。在交替过程中，队员之间衔接应协调，要求在加速阶段完成交替。

（8）力竭冲刺跑训练：运动员尽全力冲刺跑动100~150米，完成后采用积极的方式恢复，如可采用小步跑、背向跑、慢跑，两次冲刺跑之间可以充分休息。也可进行远距离的冲刺跑，距离为800~1 000米，但只能进行1~2组。

（9）单脚轮换跳训练：在场地内进行行进间单脚轮换跳训练，距离为50~80米，每组可进行3~5次，可重复2~3组，组间间歇时间为3~5分钟，强度为中等运动强度。

（10）立卧撑训练：身体由正直姿势开始下蹲，两手撑地后伸直腿成俯撑，然后收腿成蹲撑，再还原成站立姿势。每组3~5分钟，共做2~5组，组间间歇3~5分钟，强度为中等运动强度。

（11）短距离加速跑训练：加速跑40~60米，每组5~8次，重复3~5组，组间间歇3~5分钟。

（12）行进间车轮跑训练：进行行进间车轮跑训练，每组40~60次，可进行3~5组，组间间歇5~8分钟，强度为中等运动强度。

（13）快速斜面跑训练：在20度左右的斜面上快速跑动，重复3~5组，跑距为200~300米，间歇时间为3~5分钟，强度为中等运动强度。

（14）中速斜面跑训练：斜面跑可进行4~6组，每组间歇1~3分钟，强度为中等运动强度。

2. 篮球运动专项速度素质训练方法

（1）沿线变相加速跑训练：在篮球场地内，进行沿线变相加速跑训练，可持续3~5分钟。

（2）侧身加速快跑训练：在篮球场地内，进行侧身加速快跑训练，可沿篮球场纵向进行3~5组，组间间歇1~3分钟。

（3）交叉跑训练：在篮球场地内，进行交叉跑训练，可沿篮球场纵向进行3~5组，组间间歇1~3分钟。

（4）冲刺跑训练：在篮球场地内，进行冲刺跑训练，可沿篮球场纵向进行3~5组，组间间歇1~3分钟。

（5）持球绕圈变相加速跑训练：在篮球场地内，进行持球绕圈变相加速跑训练，可进行1~3圈，每圈结束休息1~2分钟。

（6）全场规定传球次数加速跑训练：在篮球场地内，进行全场规定传球次数加速跑训练，可进行3~5组，组间间歇1~3分钟。

（7）见线折返跑训练：在篮球场地内，进行见线折返跑训练，可进行3~5组，组间间歇3~5分钟。

（8）滑步训练：在篮球场地内，进行滑步训练，可沿篮球场纵向进行3~5组，组间间歇1~3分钟。

（9）全场3人"8"字训练：在篮球场地内，进行全场3人"8"字训练，可进行3~5组，组间间歇3~5分钟。

（10）全场5人"8"字训练：在篮球场地内，进行全场5人"8"字训练，可进行3~5组，组间间歇3~5分钟。

（11）全场直线变相冲刺运球上篮跑训练：在篮球场地内，进行全场直线变相冲刺运球上篮跑训练，可进行5~8组，组间间歇3~5分钟。

（12）小步跑训练：在篮球场地内，进行小步跑训练，可沿篮球场纵向进行5~8组，组间间歇1~3分钟。

（13）高抬腿跑训练：在篮球场地内，进行高抬腿跑训练，可沿篮球场纵向进行3~5组，组间间歇1~3分钟。

3.篮球运动专项力量素质训练方法

（1）半蹲起训练：两人一组进行半蹲起训练，可进行3~5组，每组10~15个，组间间歇1~3分钟。

（2）负重半蹲起训练：利用杠铃或哑铃进行负重半蹲起训练，可进行3~5组，每组10~15个，组间间歇2~3分钟。

（3）屈腿跳训练：在篮球场地内，进行屈腿跳训练，可进行3~5组，每组20~25个，组间间歇3~5分钟。

（4）单、双脚连续跳训练：在篮球场地内，进行单、双脚连续跳训练，可进行3~5组，每组20~25个，组间间歇1~3分钟。

（5）负重推举训练：利用杠铃或哑铃进行负重推举训练，可进行3~5组，每组

10~15个，组间间歇3~5分钟。

（6）卧推训练：利用杠铃或哑铃进行卧推训练，可进行3~5组，每组8~10个，组间间歇2~3分钟。

（7）负重连跳训练：在篮球训练中，进行负重连跳训练，可进行2~3组，每组15~20次，组间间歇1~3分钟。

（8）仰姿桥撑训练：在篮球训练中，进行仰姿桥撑训练，每组持续2~3分钟，可进行2~3组，组间间歇1~3分钟。

（9）负重投篮训练：在篮球训练中，进行负重投篮训练，可进行3~5组，每组投篮10次，组间间歇1~3分钟。

（10）蛙跳训练：在篮球训练中，进行蛙跳训练，可进行2~3组，每组10~15次，组间间歇1~3分钟。

（11）俯姿平撑训练：在篮球训练中，进行俯姿平撑训练，每组持续2~3分钟，可进行2~3组，组间间歇1~3分钟。

4. 篮球运动专项灵敏素质训练方法

（1）进行运球加速跑，听到口令后变换动作训练。

（2）进行同手同脚训练、同手不同脚训练。

（3）进行单脚轮换跳训练。

（4）进行单脚跳训练。

（5）进行各种跳绳训练。

（6）进行跳跃不同障碍物训练。

（7）进行倒立、肩手倒立、头手倒立训练。

（8）进行各种单杠、双杠杠上动作训练。

（9）进行体操简单动作组合训练。

（10）进行打手掌躲闪训练。

（11）进行原地、行进间口令训练。

（12）进行原地、行进间反口令训练。

5. 篮球运动专项柔韧素质训练方法

（1）踝关节绕环训练：在篮球训练中，进行踝关节绕环训练，可进行2~3组，每组20~30次，或持续2~3分钟。

（2）侧拉肩训练：在篮球训练中，进行侧拉肩训练，可进行3~5组，每组

15~20次，或持续1~3分钟。

（3）两手握振臂训练：在篮球训练中，进行两手握振臂训练，可进行2~3组，每组20~30次，或持续2~3分钟。

（4）体前屈伸踝训练：在篮球训练中，进行体前屈伸踝训练，可进行2~3组，每组20~30次，或持续1~3分钟。

（5）肘绕环训练：在篮球训练中，进行肘绕环训练，可进行2~3组，每组20~30次，或持续2~3分钟。

（6）上臂绕环训练：在篮球训练中，进行上臂绕环训练，可进行2~3组，每组20~30次，或持续2~3分钟。

（7）腕屈伸训练：在篮球训练中，进行腕屈伸训练，可进行2~3组，每组20~30次，或持续1~3分钟。

（8）左右转髋跳训练：在篮球训练中，进行左右转髋跳训练，可进行2~3组，每组15~20次，或持续1~3分钟。

（9）腕旋转训练：在篮球训练中，进行腕旋转训练，可进行2~3组，每组20~30次，或持续2~3分钟。

（10）双腿屈伸训练：在篮球训练中，进行双腿屈伸训练，可进行2~3组，每组15~20次，或持续1~3分钟。

（11）手指拨球训练：在篮球训练中，进行手指拨球训练，可进行2~3组，每组20~30次，或持续2~3分钟。

（12）体前折体训练：在篮球训练中，进行体前折体训练，可进行2~3组，每组15~20次，或持续1~3分钟。

（13）膝关节绕环训练：在篮球训练中，进行膝关节绕环训练，可进行2~3组，每组20~30次，或持续2~3分钟。

（14）右转髋跳训练：在篮球训练中，进行右转髋跳训练，可进行2~3组，每组15~20次，或持续1~3分钟。

（15）膝关节屈伸训练：在篮球训练中，进行膝关节屈伸训练，可进行2~3组，每组20~30次，或持续2~3分钟。

（16）左转髋跳训练：在篮球训练中，进行左转髋跳训练，可进行2~3组，每组15~20次，或持续1~3分钟。

（17）上下振臂训练：在篮球训练中，进行上下振臂训练，可进行3~5组，每组

15~20次，或持续2~3分钟。

（18）屈臂绕环训练：在篮球训练中，进行屈臂绕环训练，可进行2~3组，每组20~30次，或持续2~3分钟。

（19）踝关节屈伸训练：在篮球训练中，进行踝关节屈伸训练，可进行2~3组，每组20~30次，或持续2~3分钟。

6. 篮球运动专项弹跳素质训练方法

（1）上步断高传球训练：不同方向的上步断高传球训练，要求跳到最高点处断球，可进行3~5组，每组20~25次，组间间歇3~5分钟。

（2）连续跳起在空中砸篮板传球训练：两人在篮板左右两侧站立，进行连续跳起在空中砸篮板传球训练，可进行3~5组，每组20~25次，组间间歇3~5分钟。

（3）连续交替跳起在空中补篮训练：多人排成一列，连续交替跳起在空中补篮，可进行5~10分钟。

（4）原地起跳连续摸高训练：原地起跳连续摸高训练可进行3~5组，每组15~20次，组间间歇2~3分钟。

（5）行进间跳起摸高训练：在篮球训练中，进行行进间跳起摸高训练，可进行3~5组，每组15~20次，组间间歇2~3分钟。

（6）原地上步摸高训练：在篮球训练中，进行原地上步摸高训练，可进行3~5组，每组15~20次，组间间歇2~3分钟。

（7）原地纵跳训练：在篮球训练中，进行原地纵跳训练，可进行3~5组，每组20~30次，组间间歇1~3分钟。

（8）行进间纵跳训练：在篮球训练中，行进间纵跳训练可进行3~5组，每组20~30次，组间间歇2~3分钟。

（二）排球运动专项素质训练方法

1. 排球运动专项耐力素质训练方法

（1）连续扣抛球训练：在排球训练中，连续扣抛球10~20次，可进行3~5组，组间间歇2~3分钟。

（2）单人全场防守训练：在排球训练中，单人全场防守训练要求防15个高质量球，可进行3~5组，组间间歇2~3分钟。

（3）轮流连续扣抛球训练：在排球训练中，两人轮流连续扣抛球30~50次，可进行3~5组，组间间歇时间3~5分钟。

（4）连续多次拦网训练：在排球训练中，在网前变换位置，进行连续多次拦网训练。

（5）防守进攻球训练：在排球训练中，扣球后退到进攻线附近防守进攻球，连续进行10~15次。

（6）连续滚翻救球训练：在排球训练中，两人一组，进行连续滚翻救球训练，每人30~40次。

（7）接球、传球动作训练：在排球训练中，在不同位置进行接球、传球动作训练，每次进行3~5分钟，可进行5~8组，组间间歇2~3分钟。

（8）行进间传球或垫球训练：在排球训练中，行进间传球或垫球15~20次，可进行3~5组。

（9）连续多局教学比赛训练：在排球训练中，进行连续多局教学比赛，每局比赛间休息5~8分钟。

2.排球运动专项速度素质训练方法

（1）挥甩网球、垒球或羽毛球训练：以扣球的方法，在助跑起跳后挥甩网球、垒球或羽毛球，可进行3~5组，每组15~20次，组间间歇1~3分钟。

（2）鞭打标志物训练：肩部上展，快速挥臂，以扣球动作鞭打标志物，可进行3~5组，每组15~20次，组间间歇1~3分钟。

（3）步法训练：在排球场内进行各种移动步法训练，可持续10~15分钟。

（4）转身垫球训练：背向抛球后，转身垫球，可进行5~8组，每组20~25次，组间间歇2~3分钟。

（5）上步垫球训练：将球抛到墙上反弹后，上步垫球，可进行5~8组，每组20~30次，组间间歇2~3分钟。

（6）单人拦网训练：队友抛球后，上步单人拦网，可进行3~5组，每组15~20次，组间间歇1~3分钟。

（7）对角线加速跑训练：沿排球半场对角线进行加速跑训练，可进行3~5组，组间间歇2~3分钟。

（8）多技术组合训练：传球、扣球、拦网、接球的组合训练，可持续10~15分钟。

（9）拦网组合训练：移动拦网后，后退垫球，再进行拦网组合训练，可持续10~15分钟。

（10）扣球、传球训练：两人一组，相互用扣球动作进行传球训练，可持续20~25分钟。

（11）加速跑垫球训练：教练员将球高抛后，运动员加速跑到球落下的位置垫球，可进行3~5组，每组10~15次，组间间歇2~3分钟。

（12）加速跑接球训练：教练员将球抛出后，运动员加速跑到球落下的位置接球，可进行3~5组，每组8~10次，组间间歇1~3分钟。

（13）一传一扣训练：一人传球，另一人扣球，可进行3~5组，每组15~20次，组间间歇2~3分钟。

3. 排球运动专项力量素质训练方法

（1）花样跳绳训练：各种花样跳绳训练，可进行3~5组，每组80~100个，组间间歇2~3分钟。

（2）侧向跳跃水平移动训练：俯撑，手、脚同时离地进行侧向跳跃水平移动训练，可进行3~5组，每组10~15次，组间间歇1~3分钟。

（3）两手接球训练：单手上抛球后用两手接球，可进行3~5组，每组20~30次，组间间歇2~3分钟。

（4）自传球训练：连续侧向滑步移动并向上自传球训练，可进行3~5组，每组20~30次，组间间歇2~3分钟。

（5）互相推球训练：两人一球，用单手手指互相推球，可持续10~15分钟。

（6）背后掷实心球训练：身体呈坐姿，两手向背后掷实心球，可进行3~5组，每组15~20次，组间间歇1~3分钟。

（7）两头起训练：两手持球，俯卧，进行两头起训练，可进行3~5组，每组20~30次，组间间歇2~3分钟。

（8）后伸肘训练：手握哑铃进行单臂颈后伸肘训练，可持续8~10分钟。

（9）抓夺排球训练：两人呈坐姿，用指腕力量抓夺排球，可持续10~15分钟。

（10）抖手腕训练：站立，向下抖手腕，可持续10~15分钟。

（11）直臂或屈臂抛掷实心球训练：两手或单手持球上举，呈坐姿、立姿或跪姿，直臂或屈臂抛掷实心球，可持续20~25分钟。

4. 排球运动专项灵敏素质训练方法

（1）快速起动、制动、变速、变向、跳跃、滚动训练：在排球场地中，进行快速起动、制动、变速、变向、跳跃、滚动训练，可持续3~5分钟。

（2）钻球训练：在排球场地中将球击地，当球弹起后，进行钻球训练，可持续3～5分钟。

（3）传球、垫球、扣球、接球训练：在排球场地中，两人一组，进行多角度、不同力量、不同轨迹的传球、垫球、扣球、接球训练，可持续5～8分钟。

（4）边线救球、垫球、传球训练：在排球场地中，进行边线救球、垫球、传球训练，可持续3～5分钟。

（5）翻滚训练：在排球场地中，两人一组，一人抛球，另一人接球后进行翻滚训练，可每人持续3～5分钟。

（6）鱼跃前滚翻、侧滚翻训练：在排球场地中，进行鱼跃前滚翻、侧滚翻训练，可持续1～3分钟。

（7）向上抛球接球训练：在排球场地中，身体躺卧，进行向上抛球后接球训练，可持续3～5分钟。

（8）倒地传球训练：在排球场地中，三人一组，中间的队员分别接两边队员平抛球后倒地传球，可持续1～3分钟。

（9）救球回网前传球训练：在网前拦网后，转身退到进攻线附近救球，然后再回到网前传球，可持续2～3分钟。

5. 排球运动专项柔韧素质训练方法

（1）进行身体屈、弹、振、拉训练。

（2）身体保持正直，进行各个方向踢腿训练。

（3）两手握固定物，保持两脚不动，进行腰、髋的摆、振、拉、伸训练。

（4）一只脚支撑，另一只脚脚尖触地，进行踝关节的绕环拉伸训练。

（5）身体保持正直，进行压腕拉伸训练。

（6）两手握固定物进行腰部回旋拉伸训练。

（7）身体保持正直，进行双臂前后绕环拉伸训练。

（8）屈腿坐下，两脚掌心相对，进行上体下压训练。

（9）身体保持正直，进行正压腿、侧压腿训练。

（10）身体保持正直，进行双臂上、下摆动拉伸训练。

（11）手扶固定物进行压肩、压腰训练。

（12）身体保持正直，两腿交替进行前、后、左、右摆、振、拉伸训练。

(三)足球运动专项素质训练方法

1. 足球运动专项耐力素质训练方法

(1)传球、抢球训练：在足球场地内，运动员进行5~8分钟的不同人数的传球、抢球训练。

(2)持续带球过杆训练：在足球场地内，运动员进行10~15分钟持续带球过杆的步法训练。

(3)半场实战对抗训练：在足球场地内，进行半场控球实战对抗训练。

(4)全场实战对抗训练：在足球场地内，进行全场控球实战对抗训练。

(5)往返冲刺传球训练：在足球场地内，运动员进行30米往返冲刺传球的训练，每次可进行5~8组，组间间歇时间1~3分钟。

(6)往返带球、传球训练：在足球场地内，运动员进行30米往返带球、传球训练。

(7)间歇跑训练：在足球场地内，进行半场3~5组间歇跑训练，间歇时间为1~3分钟。

(8)交叉步训练：在足球场地内，进行5~8分钟交叉步训练，每次可进行3~5组，组间间歇1~3分钟。

(9)跨步跳训练：在足球场地内，进行5~8分钟跨步跳训练，每次可进行3~5组，组间间歇1~3分钟。

(10)单脚轮换跳训练：在足球场地内，进行5~8分钟单脚轮换跳训练，每次可进行3~5组，组间间歇1~3分钟。

2. 足球运动专项速度素质训练方法

(1)两人传球全场快速跑动训练：在足球场地内，两人一组，进行多次传球全场快速跑动训练，每次可进行3~5组，组间间歇3~5分钟。

(2)三人传球全场快速跑动训练：在足球场地内，三人一组，进行多次传球全场快速跑动训练，每次可进行3~5组，组间间歇3~5分钟。

(3)带球绕圈变相加速跑训练：在足球场地内，进行带球绕圈变相加速跑训练。

(4)快速传球、接球、射门训练：在足球场地内，在限定时间内进行3~5组快速传球、接球、射门动作训练。

(5)快速仰卧高抬腿训练：在足球场地内，进行快速仰卧高抬腿训练，每组30~50个，每次可进行3~5组，组间间歇1~3分钟。

（6）50米快速后蹬跑训练：在足球场地内，进行50米快速后蹬跑训练，每次可进行3~5组，组间间歇1~3分钟。

（7）50米快速单腿侧蹬跑训练：在足球场地内，进行50米快速单腿侧蹬跑训练，每次可进行3~5组，组间间歇1~3分钟。

（8）50米快速转身跑训练：在足球场地内，进行50米快速转身跑训练，每次可进行3~5组，组间间歇1~3分钟。

（9）50米快速折返跑训练：在足球场地内，进行50米快速折返跑训练，每次可进行3~5组，组间间歇1~3分钟。

（10）50米侧身加速快跑训练：在足球场地内，进行50米侧身加速快跑训练，每次可进行3~5组，组间间歇1~3分钟。

（11）50米冲刺跑训练：在足球场地内，进行50米冲刺跑训练，每次可进行3~5组，组间间歇1~3分钟。

（12）50米交叉跑训练：在足球场地内，进行50米交叉跑训练，每次可进行3~5组，组间间歇1~3分钟。

（13）变相加速跑训练：在足球场地内，沿标志物进行带球变相加速跑训练。

3. 足球运动专项力量素质训练方法

（1）进行增加难度的传球训练。

（2）进行蹲跳起顶球训练。

（3）进行负重蹲跳起顶球训练。

（4）小腿负重后进行踢球训练。

（5）腰部负重后进行踢球训练。

（5）两人一组进行30~50米背人训练。

（6）多人进行30~50米背人接力训练。

（7）分为两队进行抢夺足球训练。

（8）两人侧向进行跳起模拟冲撞训练。

（9）两人争顶进行合理冲撞训练。

（10）利用腰部力量俯卧弹起。

4. 足球运动专项灵敏素质训练方法

（1）两人一组进行快速躲闪训练。

（2）进行持续颠球训练。

（3）进行持续拨挑训练。

（4）进行持续回扣训练。

（5）进行持续虚晃训练。

（6）在带球跑时进行持续起动训练。

（7）进行迅速前绕接反弹球训练。

（8）进行多人防守下虚晃摆脱训练。

（9）进行身体各部位的不间断颠球训练。

（10）进行快速、连续对墙踢球训练。

（11）进行持续带球过杆训练。

（12）进行各种挑反弹球训练。

5. 足球运动专项柔韧素质训练方法

（1）进行大幅度踢球模仿训练。

（2）进行大幅度头顶球模仿训练。

（3）进行大幅度头铲球模仿训练。

（4）进行行进间或原地快速向前、向后、向侧面的踢腿训练。

（5）进行踢侧身凌空球、倒钩球等训练。

（6）两腿交替进行向前、后、左、右的摆振训练。

（7）进行3~5组踝关节的绕环训练。

（8）进行3~5组正压腿、侧压腿训练。

（9）进行躯体弹振前、后屈（后屈时加弹性阻力和保护）训练。

（10）进行屈腿下坐上体下压训练。

（四）乒乓球运动专项素质训练方法

1. 乒乓球运动专项耐力素质训练方法

（1）交叉步训练：在乒乓球训练中，进行5~8分钟交叉步训练。

（2）跨步训练：在乒乓球训练中，进行5~8分钟跨步训练。

（3）顺步训练：在乒乓球训练中，进行5~8分钟顺步训练。

（4）多局轮换比赛训练：在乒乓球训练中，进行多局轮换比赛训练，可进行3~5局。

（5）持续不间断扣球训练：在乒乓球训练中，进行3~5分钟持续不间断扣球训练。

（6）长短球步法训练：在乒乓球训练中，进行8~10分钟长短球步法训练。

（7）持续步伐训练：在乒乓球训练中，进行跨步、交叉步等步伐移动训练，每组100~150次，进行3~5组，每组间歇3~5分钟，强度为中等。

（8）移动捡球训练：在乒乓球训练中，将50个乒乓球放置在筐内，在与装球的筐距离1~2米处放一个空筐。训练者将球从有球的筐内捡起，放到无球的筐内，一次只能捡一个球，循环进行，每次进行3~5组，组间间歇为3~5分钟。

（9）力竭多球训练：在乒乓球训练中，进行多球训练，直到训练者感到力竭为止。训练后应采用积极的方式放松，如沐浴、按摩、理疗。

2.乒乓球运动专项速度素质训练方法

（1）进行推挡的手臂和步伐结合训练，可持续8~10分钟。

（2）进行快攻的手臂和步伐结合训练，可持续8~10分钟。

（3）进行扣杀的手臂和步伐结合训练，可持续8~10分钟。

（4）进行各种步伐的快速移动训练，可持续10~15分钟。

（5）进行各种技术的快速挥拍训练，可持续10~15分钟。

（6）进行各种步伐移动并接触地面、球台四角训练，可持续8~10分钟。

（7）进行乒乓球快速反应训练，可持续5~8分钟。

（8）进行不定落点多球击球训练，可持续3~5分钟。

（9）进行各种旋转变化多球训练，可持续5~8分钟。

（10）进行各种节奏变化多球训练，可持续5~8分钟。

3.乒乓球运动专项力量素质训练方法

（1）乒乓球掷远训练：在乒乓球训练中，用持拍手进行乒乓球掷远训练，可进行3~5组，每组20~30次，组间间歇1~3分钟。

（2）扣球击远训练：在乒乓球训练中，用球拍进行扣球击远训练，可进行3~5组，每组30~50次，组间间歇2~3分钟。

（3）同一落点击球训练：在乒乓球训练中，进行同一落点击球训练，可进行3~5组，每组15~20次，组间间歇1~3分钟。

（4）持续击球训练：在乒乓球训练中，进行多角度、不同落点的持续击球训练，可持续5~8分钟。

（5）各种挥拍动作训练：在乒乓球训练中，持加重球拍的各种挥拍动作训练，可进行3~5组，每组20~30次，组间间歇2~3分钟。

（6）无球挥拍训练：在乒乓球训练中，对各种技术动作进行无球挥拍训练，可进行3~5组，每组30~40次，组间间歇2~3分钟。

（7）脚步配合训练：在乒乓球训练中，对各种技术动作进行脚步配合训练，可持续8~10分钟。

4. 乒乓球运动专项灵敏素质训练方法

（1）听哨步法的组合训练：在乒乓球训练中，按教练员的哨声进行各种步法的组合训练，可持续8~10分钟。

（2）多球击球训练：在乒乓球训练中，进行多个球的击球训练，可持续5~8分钟。

（3）快速追逐训练：在乒乓球训练中，进行两个队员或多个队员间的快速追逐训练，可持续3~5分钟。

（4）轮换击球训练：在乒乓球训练中，进行两人或多人轮换击球训练，可持续8~10分钟。

（5）快速折返跑训练：在乒乓球训练中，进行触标志物后快速折返跑训练，可进行3~5组，组间间歇2~3分钟。

（6）加速跑训练：在乒乓球训练中，按提示向前、向后、向左、向右进行加速跑训练，可进行3~5组，组间间歇2~3分钟。

5. 乒乓球运动专项柔韧素质训练方法

（1）向前触地训练：重心前移，身体前屈，双腿绷直，两手向前触地，可进行3~5组，每组20~30次。

（2）压腿训练：在乒乓球训练中，向前、后、左、右做压腿训练，每个方向可进行1~2组，每组15~20次。

（3）拉伸训练：上体正直，左（右）腿向后弯曲，脚背绷直，（右）手在后面拉住左（右）脚进行拉伸训练，可进行2~3组，每组15~20次。

（4）外摆腿训练：身体正直，两手臂侧平举，右（左）腿向前踢起后向右（左）进行外摆腿训练，可进行2~3组，每组15~20次。

（5）提踵屈踝训练：两脚自然开立，身体正直，两脚轮流进行提踵屈踝训练，可进行3~5组，每组20~30次。

（6）两头起训练：身体呈仰卧姿势，做两头起训练，可进行3~5组，每组15~20次。

（7）振臂训练：身体呈坐姿，两腿前伸，背后顶住，向后进行振臂训练，可进行3~5组，每组20~30次。

（五）羽毛球运动专项素质训练方法

1. 羽毛球运动专项耐力素质的训练方法

（1）连续全场杀球多球训练，可持续5~8分钟。

（2）连续上网小球多球训练，可持续8~10分钟。

（3）连续接吊球、杀球多球训练，可持续5~8分钟。

（4）全场封杀球多球训练，可持续3~5分钟。

（5）双打后场左右连续杀球多球训练，可持续3~5分钟。

（6）后场变换位置，连续大力击高远球多球训练，可持续3~5分钟。

（7）全场跑接各种球多球训练，可持续3~5分钟。

（8）全场反手高远球多球训练，可持续3~5分钟。

2. 羽毛球运动专项速度素质的训练方法

（1）快速封网训练：在前发球线处做好准备，教练员站另一侧场地内，持续、快速地发平射球，运动员迅速移动到网前进行封网训练，可进行3~5组，每组20~30球，组间间歇2~3分钟。

（2）击球挥拍动作训练：有节奏地进行击球挥拍动作训练，可进行3~5组，每组40~50次，组间间歇1~3分钟。

（3）多球扑球训练：运动员在前发球线附近站好，教练员在场地另一侧，快速向运动员抛进网小球，运动员进行正、反手姿势快速扑球训练，可进行2~3组，每组15~20球，组间间歇1~3分钟。

（4）杀球上网步法训练：在后场左右移动进行跳跃步杀球，杀球后再迅速接上网步法，如此进行多次重复训练。

（5）前臂体侧前后摆动挥拍训练：将持拍手置于与肩齐平的高度，手肘前屈而前后摆动，进行快速挥拍训练，可进行3~5组，每组40~50次，组间间歇2~3分钟。

（6）快速连续杀球动作挥拍训练：用完成快速连续杀球的动作进行挥拍训练，可进行4~6组，每组40~50次，组间间歇2~3分钟。

（7）前臂屈伸快速挥拍训练：身体呈站立姿势，两脚自然开立，一手持拍举于肩上，上臂保持不动，以肘关节为轴进行快速挥拍训练，可进行3~5组，每组30~50

次，组间间歇1～3分钟。

3. 羽毛球运动专项力量素质的训练方法

将弹力带一端固定，用握拍手以握拍方式握住另一端，然后以与羽毛球技术相似的动作进行克服阻力训练。

（1）进行体前小臂屈伸训练，可进行3～5组，每组30～50次。

（2）进行体前上臂屈展训练，可进行3～5组，每组30～50次。

（3）进行正、反手前臂快速挥臂训练，可进行3～5组，每组30～50次。

（4）进行反手挥臂训练，可进行3～5组，每组30～50次。

（5）进行肩上前臂屈伸训练，可进行3～5组，每组30～50次。

（6）进行肩上小臂前后摆动训练，可进行3～5组，每组30～50次。

（7）进行手腕屈伸训练，可进行3～5组，每组30～50次。

4. 羽毛球运动专项灵敏素质的训练方法

（1）跨步腾空后接球训练：在羽毛球训练中，进行向前、后、左、右快速跨步腾空后接球训练，可持续3～5分钟。

（2）抛接球训练：在羽毛球训练中，手持多个球，将球向前、后、左、右和向上抛起，之后快速引动，用手将球迅速接住，如此反复进行抛接球训练。

（3）接前半场小球训练：在羽毛球训练中，进行快速、变向接前半场小球训练，可持续2～3分钟。

（4）快速用手接球训练：在羽毛球训练中，进行快速用手接上、下、左、右和前、后来球的训练，可持续2～3分钟。

（5）手臂绕环训练：在羽毛球训练中，两手持拍在体侧进行同方向前后手臂绕环训练，可持续2～3分钟。

（6）持拍大绕环训练：在羽毛球训练中，两手持拍在体侧进行异方向大绕环训练，即一只手向前绕环，另一只手同时进行反方向绕环，可持续2～3分钟。

5. 羽毛球运动专项柔韧素质的训练方法

（1）肘关节拉伸训练：身体呈站立姿势，一侧肘关节抬起至肩部高度，另一只手抓住对侧肘关节，向后拉伸，可持续1～3分钟。

（2）身体向上伸展训练：两脚左右开立，约与肩同宽，两手交叉举过头顶，伸臂向上，做身体向上伸展训练，可持续1～3分钟。

（3）手臂绕环训练：两手上举，以直臂或屈臂姿势向前或向后进行绕环训练，可持续1~3分钟。

（4）踢腿训练：行进间或原地快速向前、后或向侧面进行踢腿训练，可进行2~3组，每组30~50次，组间间歇1~3分钟。

（5）压手腕训练：身体正直，进行压手腕训练，可进行3~5组，每组30~50次，组间间歇1~2分钟。

（6）收腹向前屈体训练：用手扶住固定物，做快速收腹向前屈体训练，可进行3~5组、每组20~30次，组间间歇1~3分钟。

（六）网球运动专项素质训练方法

1. 网球运动专项耐力素质训练方法

（1）多球训练：在网球训练中，进行快速接球、截击球和高压球的多球训练，可持续3~5分钟。

（2）400米训练：在网球训练中，进行400米训练，可进行3~5组，组间间歇3~5分钟。

（3）模拟比赛训练：在网球训练中，进行延长时间的模拟比赛训练。

（4）120米训练：在网球训练中，进行120米训练，可进行4~6组，组间间歇2~3分钟。

（5）加分模拟比赛训练：在网球训练中，进行增加分数的模拟比赛训练。

（6）快速移动训练：在网球训练中，进行不同方向的快速移动训练，可持续3~5分钟。

（7）60米训练：在网球训练中，进行60米训练，可进行8~10组，组间间歇1~2分钟。

（8）10~20米变速跑训练：在网球训练中，进行10~20米变速跑训练，可持续2~3分钟。

（9）快速接来球训练：在网球训练中，进行快速接来球训练，可进行3~5组，每组30~40次，组间间歇3~5分钟。

（10）快速急停、转身往返跑训练：在网球训练中，进行快速急停、转身10~20米往返跑训练，可持续2~3分钟。

（11）后退跑训练：在网球训练中，进行30~50米快速后退跑训练，可进行3~5组，组间间歇2~3分钟。

2. 网球运动专项速度素质训练方法

（1）触网跑训练：在端线向球网冲刺跑，触碰球网后立即变为后退跑，可进行3～5组，每组5～8次往返，组间间歇3～5分钟。

（2）快速挥臂鞭打训练：徒手或持轻器械进行快速挥臂鞭打训练，可持续3～5分钟。

（3）垫步跑训练：正对球网，进行向前、后、左、右垫步跑训练，可持续3～5分钟。

（4）原地深蹲跳训练：在网球训练中，进行原地深蹲跳训练，可进行3～5组，每组20～30次，组间间歇2～3分钟。

（5）快速跑触线训练：在快速跑动中，依次用手触碰双打边线、单打边线、发球中线、另一单打边线、另一双打边线，可持续5～8分钟。

（6）四角加速跑训练：在网球训练中，进行向场地四角加速跑训练，用手或球拍接触角线后立即返回，可持续5～8分钟。

（7）交叉步跑动训练：在球场一侧进行向前、后、左、右的交叉步跑动训练，可持续3～5分钟。

（8）并步移动训练：在球场一侧进行左右并步移动训练，可持续3～5分钟。

（9）移动高抬腿训练：在网球训练中，进行移动高抬腿训练，可进行3～5组，每组25～30米，组间间歇2～3分钟。

3. 网球运动专项力量素质训练方法

（1）原地快速高抬腿训练：保持身体正直，进行原地快速高抬腿训练，可持续1～3分钟。

（2）弓步纵跳训练：在网球训练中，双腿呈弓步，进行弓步纵跳训练，可进行2～3组，每组10～15次。

（3）蛙跳训练：在网球训练中，身体呈下蹲姿势，进行蛙跳训练，可进行2～3组，每组10～15次。

（4）大负荷加速跑训练：在网球训练中，在带有坡度的场地上进行大负荷加速跑，可进行1～3组，组间间歇1～2分钟。

（5）负重后蹬跑训练：在网球训练中，在身体负担一定重量的前提下，进行后蹬跑训练，可持续1～3分钟。

（6）挥拍抗阻训练：在网球训练中，利用弹力带或拉力器，进行模仿正、反手击球挥拍抗阻训练，可持续3~5分钟。

4. 网球运动专项灵敏素质训练方法

（1）转髋训练：在网球训练中，进行转髋训练，可进行3~5组，每组20~30次。

（2）快速移动训练：在网球训练中，进行快速起动、制动、变速、变向及跳跃、滚动训练，可持续8~10分钟。

（3）快速接球训练：在网球训练中，进行快速接上、下、左、右和前、后来球训练，可持续10~15分钟。

（4）触物折返跑训练：在网球训练中，进行触标志物快速折返跑训练，可进行3~5组，组间间歇1~2分钟。

（5）变向交叉步训练：在网球训练中，进行快速变向交叉步训练，可进行3~5组，组间间歇1~2分钟。

（6）快速小步跑训练：在网球训练中，进行快速小步跑训练，可进行3~5组，组间间歇1~2分钟。

（7）原地两脚交替快速跑训练：在网球训练中，进行原地两脚交替快速跑训练，可持续2~3分钟。

（8）接球俯卧撑训练：在网球训练中，一人抛球，另一人接球后进行俯卧撑训练，每组10~20个，可进行3~5组，组间间歇2~3分钟。

（9）快速跨步腾空接球训练：在网球训练中，进行前、后、左、右快速跨步腾空接球训练，可持续2~3分钟。

（10）快速单脚轮换跳训练：在网球训练中，进行快速单脚轮换跳训练，可进行3~5组，组间间歇1~2分钟。

5. 网球运动专项柔韧素质训练方法

（1）上身背起训练：在网球训练中，下肢和腹部接触地面，进行上身背起训练，可进行3~5组，每组15~20个。

（2）弓步、扑步压腿训练：在网球训练中，进行弓步、扑步压腿训练，可进行3~5组，每组20~30次。

（3）头颈绕环训练：在网球训练中，两脚自然开立，进行头颈绕环训练，可进行3~5组，每组20~30次。

（4）持续拉伸训练：在网球训练中，身体呈仰卧姿势，双臂抱膝在胸前进行持续拉伸训练，可保持2~3分钟。

（5）两臂大幅度绕环训练：在网球训练中，身体呈站姿，两臂在体侧进行大幅度绕环训练，可持续1~3分钟。

（6）旋转拉伸训练：在网球训练中，身体呈站姿，向左、右进行旋转拉伸训练，可进行3~5组，每组20~30次。

（7）踝关节拉伸训练：在网球训练中，身体呈俯卧，膝关节屈，用手将踝关节向臀部方向拉伸，可进行3~5组，每组10~20次。

（8）大腿触胸拉伸训练：在网球训练中，身体呈站姿，进行大腿向上触胸拉伸训练，可进行2~3组，每组15~25次。

（9）两手身后交叉拉伸训练：在网球训练中，身体呈坐姿，两手在身后交叉，进行向上拉伸训练，可进行2~3组，每组15~20次。

第五章 大众体育球类运动体能恢复与伤病处理

第一节 大众体育球类运动体能训练疲劳消除

一、疲劳与疲劳消除

（一）疲劳

国内外专家、学者对疲劳这一概念还没有统一的定义，对疲劳的理解也存在着一定差异。国际上，绝大多数专家和学者认可的是"疲劳是人体的生理过程不能维持其机能在特定水平或器官不能坚持预定的运动强度的现象"。但就大众体育球类运动体能训练而言，疲劳应该是在大众体育球类运动体能训练过程中，运动员的运动能力、器官的生理机能出现暂时性下降，感到乏力的生理现象。

大众体育球类运动体能训练中疲劳的产生是一个较为复杂的过程，与体能训练中的很多因素关系密切。一般来说，球类运动体能训练后出现疲劳对身体并不具有损害性，还是身体状况的一种保护性提示，但运动员也应注意休息，及时消除疲劳，避免发生意外的运动损伤。

（二）疲劳消除

出现疲劳后，各器官机能也呈下降趋势，需经过一段时间调整和休息才能恢复到训练前的状态。本书将疲劳消除定义为体能训练后，人体能量和器官功能恢复到训练前水平的过程。而大众体育球类运动体能训练疲劳消除，是指在大众体育球类运动体能训练后，运动员能量储备和器官功能恢复到体能训练前水平的过程。

因为运动员所能承受的运动负荷不尽相同，所以疲劳程度也不相同。疲劳一般可分为三个层次：轻度疲劳、中度疲劳和重度疲劳。

训练后产生轻度疲劳属于正常现象，轻度疲劳能在短时间内自行消除；对中度疲劳也可采取一系列手段，如用物理治疗、按摩等方式辅助恢复，使疲劳消除；重度疲劳会直接对身体健康产生影响，所以，必须采取积极的方式快速消除重度疲劳，避免因重度疲劳时间过长引起的人体器官、组织损伤。

二、疲劳消除的不同阶段

在大众体育球类运动体能训练中，疲劳消除分为三个阶段，具体情况如下。

（一）初期

在这一阶段，人体处于疲劳消除的初期，能量补充小于能量消耗，身体的各项机能仍在减退，运动能力也在不断下降。

（二）中期

在该阶段，疲劳消除的速度明显加快，能量补充大于消耗，能量的储存量不断增加，身体的各项机能不断恢复，疲劳基本消除，体能得到充分恢复。

（三）后期

在该阶段，身体各项机能和能量储备已经恢复到训练前的正常水平，还可能出现超量恢复现象，即人体在运动训练时消耗的能量及各器官、系统的机能不仅得到恢复而且超过原先水平。

三、球类运动体能训练疲劳产生的原因

在球类运动体能训练过程中，运动员需长时间从事大负荷身体活动，疲劳的产生是不可避免的。产生疲劳的原因很多，如身体状况不佳、旧伤未愈、体能下降、情绪不佳，都会引起人体疲劳。此外，训练时间过长，能量消耗过大，体内水分、维生素和矿物质流失过于严重，也会对正常的新陈代谢产生影响，导致疲劳产生。疲劳产生的主要原因有以下几点。

（一）体内能量减少

在大众体育球类运动体能训练期间，人体内的能源物质会被大量消耗，当消耗超过人体可承受的范围，补充又不及时，就会导致能量供应不足，加之肌肉活动时代谢

的大量有害产物会进一步堆积，人体便会产生疲劳。

球类运动体能训练的时间越长，强度越大，能源物质的消耗也会越大，产生重度疲劳的概率就会增加。因此，应科学、合理地控制球类运动体能训练的量与强度，避免因体能训练负荷过大引起重度疲劳发生。

（二）器官功能下降

运动科学表明，人体各器官的功能与疲劳的产生关系密切。在进行大负荷运动时，伴随着能量代谢的增加，人体各器官的功能也呈下降趋势，最终也会引起疲劳。

在球类运动体能训练中，运动员需长时间进行高强度的身体练习。随着能量消耗和维生素的流失，器官功能会进一步下降，耐力、力量、速度等运动能力也会降低，进而导致疲劳，对体能训练产生不利影响。

（三）情绪抑制出现

研究表明，人体各器官的活动都是在神经系统的指挥下工作的。当人体处于疲劳状态时，就会出现疲劳感，这种疲劳感是疲劳的一种信号。神经系统功能的降低及神经细胞抑制的加强都会使疲劳感加深，增强疲劳的负面效果。

在大众体育球类运动体能训练中，运动员容易产生疲劳感，但运动潜能的发掘可能还不到位。运动员要有良好的情绪，进而使运动潜能得以充分发掘，有效延长体能训练时间，提升体能训练水平，扩大体能训练效果。不同运动项目的体能训练特点不同，要结合球类运动项目训练实际，采取有针对性的措施，避免情绪抑制的出现。

（四）代谢产物堆积

在大负荷体能训练中，人体需要大量的能源物质分解供能，在获得能量的同时，也会产生大量代谢产物。这些代谢产物中有一些物质，特别是乳酸堆积会导致人体产生疲劳。

（五）内部环境失衡

在球类运动体能训练过程中，身体内环境的稳定是器官发挥正常功能的保证。在大脑的指挥下，体内各组织、器官、系统协调配合，共同保持人体内环境平衡。

在高强度的体能训练中，体内的水分、无机盐和微量元素会随汗液大量排出，进而对身体产生不利的影响，使人体内环境失衡，出现血糖降低、血压升高等状况，最终导致疲劳产生。因此，内环境失衡是造成疲劳的重要原因之一。

四、球类运动体能训练疲劳消除的方法

在大众体育球类运动体能训练过程中，如果疲劳不能被及时消除，就会导致运动员的运动能力和器官机能下降，影响体能训练目标的顺利达成。因此，疲劳消除是大众体育球类运动体能训练的重要环节，是持续进行体能训练的前提。球类运动体能训练疲劳消除的有效方法主要包括以下几种。

（一）训练与放松结合进行疲劳消除

1. 调整负荷

球类运动体能训练不能一直保持高强度、大运动量，而应及时调整负荷，给人体充足的时间来消除疲劳，从而促进体能训练效果最大化。应灵活地调整训练强度、训练量和训练方式，促使疲劳尽快得以消除。

消除人体疲劳是通过体内的血液循环和淋巴循环进行的，是通过输送氧的同时带走有害代谢物质实现的，因此，适当加快血液循环是消除疲劳的有效途径。

2. 持续静力舒展

在球类运动体能训练后，会出现肌肉、关节疼痛的现象，此时应进行静力舒展练习，抵消长时间、高强度的体能训练对肌肉、关节产生的负面作用，缓解体能训练后产生的疲劳感。

大量的运动科学实验证明，持续静力舒展能促进运动性疲劳缓解，促使乳酸减少、酸痛感减轻，因此，球类运动体能训练后结合持续静力舒展进行拉伸放松，是消除疲劳、恢复体能的有效途径之一。

3. 整理放松练习

在球类运动体能训练后，合理地进行整理放松练习，有利于乳酸等代谢产物的排除，还能使循环系统和呼吸系统的功能保持在较高水平。整理放松练习还能让肌肉处于放松状态，避免局部循环障碍影响代谢过程，从而使体能恢复时间变短。

此外，球类运动体能训练结束后，人体虽已明显感觉疲劳，但各神经元可能仍处于兴奋中。这时通过进行积极的放松练习，如散步、慢跑、伸展运动，可以使人体各系统快速恢复到训练前的正常状态，从而实现体能的顺利恢复。

（二）补充营养物质进行疲劳消除

运动员在体能训练中需要消耗大量营养物质，有蛋白质、脂肪、糖类、维生素

等。体能训练时,人体代谢速度加快,代谢产物增多,导致训练后体力透支、疲劳感明显加剧,此时需要尽快补充营养物质,使体能得以恢复。在球类运动体能训练后应主要进行以下几个方面的营养补充。

1. 补充糖类

运动员在进行体能训练时,糖类是主要的能源物质之一。伴随着体能训练的进行,人体内糖原的消耗会持续增加,因此体能训练后需要及时进行糖类补充,以使体能快速恢复。补充糖类是体能训练后不可或缺的重要环节,是运动疲劳消除的基础。

2. 补充肌酸

肌酸是一种含氮的有机酸,在肝内生成,以肌酸磷酸盐的形式储存于肌肉中。它既可以提高运动员的爆发力,增强运动能力,又可以提高体能训练中关节和肌肉的抗疲劳能力,在一定程度上提高体能训练的持久性。

3. 补充水分和无机盐

在高强度体能训练时,伴随汗液流出,人体内的水分和无机盐流失,电解质容易失衡,因此,需要及时补充水分和无机盐,以保持新陈代谢平衡,同时还应适当补充维生素。

(三)采用物理疗法进行疲劳消除

1. 沐浴

沐浴是促进运动疲劳消除的有效方法之一。运动员在体能训练后采用不同的方法进行沐浴,可以加快血液循环和新陈代谢。水流对皮肤的冲击可以起按摩的作用,变化的水温可以促进血管的扩张、收缩,高于体温的水流能有效地降低体内乳酸的浓度,使身体尽快恢复到训练前的状态。

(1)采用自然涡流浴消除疲劳。

自然涡流浴是利用自然水流的不同流向冲击人体或与皮肤摩擦,起推拿、按摩作用而进行疲劳消除。在自然涡流浴中,水随机刺激皮肤,人会感觉到如同中医推拿的效果。水流的大小、强弱可根据不同的使用情况加以选择。

自然涡流浴能满足不同年龄、性别和疲劳程度的运动员的需要,是在客观条件允许的前提下理想的恢复体能、解除疲劳的途径之一。

（2）采用桑拿浴消除疲劳。

桑拿浴也是恢复体能、消除疲劳的重要方法之一。桑拿浴的高温能加速人体循环系统工作，有利于排出对身体有害的代谢产物。在高温的刺激下，汗液会大量带走人体内的无机盐和尿素，在清洁皮肤的同时，有效地加快新陈代谢速度，促进体能快速恢复。

但进行桑拿浴的时间不宜过长，在桑拿浴后应淋浴，清洁身体，还要及时补充水分、维生素和其他营养物质。

（3）采用保健按摩浴消除疲劳。

保健按摩浴是利用水流的压力，采用特定的沐浴装置，在压力作用下，由不同的出水口喷射水流，利用水流的冲击力对人体进行按摩的沐浴种类。

保健按摩浴的实施条件要求较高。这种沐浴方式可以根据不同的需要，自由调节出水方向和压力，控制水流按摩的时间、频率，是恢复体能、消除疲劳的重要途径之一。

（4）采用变换温度浴消除疲劳。

变换水温进行沐浴可以促进人体血液循环，刺激交感神经，使人镇静、清醒，对于消除运动疲劳具有良好的效果。一般情况下，可采用两个温度区间进行沐浴，温水浴的温度在39℃~41℃为宜，冷水浴的温度是16℃~20℃。

在进行变换温度浴时，以100秒为时限，交换2~3次即可，变换温度浴后，如果身体感到舒适、放松，疲劳感降低，即为达到恢复效果。

2. 吸氧

吸氧也是恢复体能的较好选择之一。在体能训练后，可以利用高压氧舱吸氧，促使血液中的二氧化碳浓度降低，pH上升，达到疲劳消除的目的。

组织内氧的储备量增加，能有效缓解体能训练引起的肌肉酸痛、僵硬、无力等疲劳症状，使人体尽快恢复到体能训练前的状态，为接下来的训练做好准备。

3. 理疗

理疗是利用人工或自然界物理因素作用于人体，使之产生有利反应，达到预防和治疗目的的方法。

疲劳消除可以通过理疗的方法进行。常见的理疗方法有磁疗、光疗、电疗、热疗、水疗等。通过理疗，可以消除因体能训练引起的疲劳症状。理疗恢复体能的效果非常突出，是消除疲劳的有效方法。

（四）采用按摩疗法进行疲劳消除

1. 按摩的种类

按摩疗法是根据中国传统医学理论，通过对身体的推拿、按压来促进血液循环，减轻肌肉酸痛，消除疲劳的方法。

按摩的种类主要包括人力按摩、机械按摩、气压按摩和水压按摩。其中人力按摩是最为常用的方法，这种方法可以根据不同部位、不同需求，选择不同的手法进行按摩。

在高强度体能训练后，可合理地选择按摩方法进行按摩，每次按摩时间一般控制在30分钟，不宜过长。

科学、合理地进行按摩能够使运动员身体得到全面放松，帮助运动员恢复体能，消除因体能训练产生的疲劳。

2. 按摩的作用

按摩主要是依靠对人体体表和穴位的刺激来促进人体各器官、系统功能恢复的。按摩对消除疲劳具有重要作用，具体如下。

（1）按摩能强化呼吸系统和消化系统的功能，调节神经系统，解除大脑的紧张状态，还有助于预防因运动性疲劳引起的人体抵抗力下降。

（2）按摩能够使被按摩部位周围的血管扩张，降低血液循环阻力，加快静脉回流速度，增强心血管功能，提升能量供给效率。

3. 按摩的要求

（1）按摩者必须持证上岗。

（2）按摩者必须注意卫生。

（3）按摩者不能佩戴首饰、手表等金属饰物。

（4）按摩的速度应先慢后快，然后快慢交替，最后以轻柔的手法结束。

（5）应先对按摩对象的全身进行放松，然后对其身体不适部位采用相应的按摩手段，以缓解疲劳、促进恢复。

（6）运动员在重度疲劳时，不宜立即接受按摩，应在放松身体、休息充足后接受按摩。

（7）按摩的方法应遵照传统中医原理进行，对淋巴结等脆弱处应尽可能不按。

(五)采用中医疗法进行疲劳消除

1. 中药治疗

疲劳消除可采用中药治疗方法。中药治疗一般选择那些通筋活络、补血益气的中药进行调理。中药治疗能有效提高运动员的免疫力,加快疲劳消除。

2. 针灸治疗

针灸治疗是应用传统中医原理,用针灸刺激身体相应穴位,通筋活络、促进循环,达到消除疲劳的目的。针灸治疗也可和指压穴位法或电疗刺激穴位法相配合,以达到最佳的效果。

3. 拔罐治疗

拔罐具有通经活络、行气活血等作用。拔罐工具简单、易于操作,是一种有效的疲劳消除方式。

(六)科学、合理地休息进行疲劳消除

休息是用一种相对静止状态代替运动状态,睡眠是不可替代的休息方式。睡眠是人体能量消耗低的状态,是所有恢复体能的方法中最有效的一种。睡眠对体能的恢复作用是其他休息方式不具备的,其重要原因如下。

第一,当处于睡眠状态下,人体对外界刺激的反应降低,这种静息状态能够使大脑和身体得到充分的休息,有利于人体机能的恢复。

第二,人长时间进行剧烈运动,会消耗大量能量,使身体处于疲劳状态。睡眠能促进人体各系统功能恢复,能有效消除疲劳,恢复体能,避免因疲劳引起的身体损害。

第二节 大众体育球类运动体能训练伤病处理

一、大众体育球类运动体能训练常见损伤及处理

(一)擦伤

1. 擦伤的症状

擦伤是训练时因与某些粗糙面摩擦,使皮肤出血和组织液渗出的损伤现象。在球类运动体能训练中,擦伤发生的概率较高。

2. 擦伤的处理方法

（1）擦伤较轻时，使用碘酒消毒，不需包扎。

（2）擦伤较重时，使用生理盐水冲洗创伤面后，进行覆盖包扎。伤处应保持清洁、干燥以防止感染。

（3）关节或关节周围擦伤时，消毒后，应将消炎软膏涂于患处，防止伤口干燥或拉伸时开裂。

（二）挫伤

1. 挫伤的症状

挫伤是在运动训练时为抵消倒地和碰撞等动作的冲力而作用在身体上造成的损伤现象。挫伤一般没有表面伤口，但患处会出现红肿并带有皮下淤血，在按压时疼痛感剧烈，挫伤严重时，还会导致肌肉断裂、骨折、内脏损伤等。

2. 挫伤的处理方法

（1）挫伤较轻时，可冰敷受伤部位，然后包扎，并口服舒筋活血类药物。

（2）运动员挫伤严重时，应对其紧急处理后，立即送医，待检查确定后，酌情治疗。

（三）拉伤

1. 拉伤的症状

拉伤是由超负荷外力牵引，肌肉或筋腱过度拉伸造成的组织损伤现象。拉伤后，患处会出现肿胀、压痛，严重时，还会使活动受限，影响体能训练进程。体能训练中的拉伤，一般是训练前准备活动不充分或训练中出现意外造成的。

2. 拉伤的处理方法

（1）轻微拉伤时应立刻冷敷，并加力固定，防止患肢活动。

（2）拉伤严重时，不可以碰触伤者的患处，应立刻将伤者送医院治疗。

（四）皮肤撕裂伤

1. 皮肤撕裂伤的症状

皮肤撕裂伤是超负荷拉伸导致的皮肤裂开、脱落或皮下肌肉纤维断裂等损伤现象。皮肤撕裂伤一般伴有剧烈疼痛和出血。

2. 皮肤撕裂伤的处理方法

（1）撕裂面较小时，在进行消毒后，可不进行包扎。

（2）撕裂面较大时，应在消毒后用纱布包扎伤口，及时静脉注射抗生素类药物，防止伤口感染。

（五）踝关节扭伤

1. 踝关节扭伤的症状

踝关节扭伤指在外力作用下，踝关节超限度内翻或外翻，踝关节内侧、外侧韧带过度拉伸而造成踝关节韧带损伤的现象。踝关节扭伤时，伴有剧烈疼痛，关节韧带按压疼痛感明显增加，患处皮肤变紫或变红，并出现肿胀。

2. 踝关节扭伤的处理方法

（1）踝关节扭伤后，应立刻停止训练，平躺或坐下以减轻踝关节压力，在冰敷后，用绷带用力加压包扎。

（2）若扭伤后剧烈疼痛，冰敷效果不佳，此时不能碰触患处，应立即去医院治疗。

（六）膝关节扭伤

1. 膝关节扭伤的症状

膝关节扭伤是在暴力作用下，膝关节超过正常活动范围运动而引起的关节内或外软组织损伤。膝关节是人体运动时的重要关节，膝盖韧带所发力量通过髌骨传递，确保人体平衡和做出多种训练动作。在体能训练中，下肢长时间超负荷负重，反复累积或非正常瞬间受力，均可导致膝关节扭伤。

2. 膝关节扭伤的处理方法

停止训练后，冰敷患处以防止形成关节腔内积液。在治疗上多采用中医疗法，如针灸、推拿、中药外敷。在治疗期间不宜负荷训练，治愈后应注意保护膝关节，以免使患处再次损伤。

（七）肘关节损伤

1. 肘关节损伤的症状

肘关节损伤指肱桡、肱尺和桡尺及关节囊的发炎、脱位和骨折等现象。在体能训练中，肘关节损伤比较常见，不但会给运动员造成伤害，而且会影响体能训练的效果，阻碍训练计划的实施。

2.肘关节损伤的处理方法

（1）肘关节损伤较轻时，在包扎、固定后，充分休息，促进肘关节自然恢复。

（2）肘关节损伤较为严重时，应立刻去医院治疗。

（八）肩关节损伤

1.肩关节损伤的症状

肩关节损伤指因反复过度使用、创伤等原因造成的肩关节周围组织的损伤。肩关节损伤会限制肩部的外展或内、外旋活动，特别是做肩部外展动作时，还会引起剧烈疼痛，甚至累及颈部和背部。肩关节损伤对体能训练具有非常不利的影响。

2.肩关节损伤的处理方法

（1）肩关节损伤较轻时，除注意休息外，还可采用按摩、针灸和理疗等方法恢复。

（2）损伤较严重时，应在紧急处理后，立即去医院治疗。

（九）腰部损伤

1.腰部损伤的症状

腰部损伤指用力不协调等原因造成的腰部肌肉筋膜、韧带、椎间小关节与关节囊的损伤和撕裂现象。轻度损伤就会产生疼痛，使腰部不能做挺直、仰、俯、扭转等动作。严重损伤时，会出现腰部持续性剧烈疼痛，还会产生局部肿胀。腰部损伤在体能训练中是比较严重的损伤，应引起足够的重视。

2.腰部损伤的处理方法

（1）发生轻度腰部损伤，可以进行物理治疗、卧床休息。

（2）发生重度腰部损伤，应立即就医。

（十）关节脱位

1.关节脱位的症状

关节脱位又被称为"脱臼"，指关节离开关节囊脱出的现象。关节脱位一般伴有关节囊撕裂、关节周围软组织损伤或破裂等情况。此外，受伤关节还有压痛感，关节功能会出现障碍或关节丧失活动能力，甚至出现变形和红肿。

2.关节脱位的处理方法

若肘关节脱位，应在用夹板和绷带紧急包扎、固定后，及时就医，避免因就医不及时造成的意外情况。

二、大众体育球类运动体能训练常见疾病及处理

（一）运动性胸肋痛

1.发生原因

（1）准备活动不充分。

（2）先天心肌功能弱。

（3）训练前状态不佳。

（4）呼吸节奏没有调节好。

2.运动性胸肋痛的症状

（1）体能训练中，胸肋部有疼痛感。

（2）活动、深呼吸时疼痛剧烈。

（3）无红肿、压痛等情况。

3.运动性胸肋痛的预防

（1）在体能训练前，准备活动要做得充分，使呼吸肌适应训练中的高频率收缩。

（2）调整呼吸节奏，让呼吸节奏与训练频率相配合，增加呼吸的深度，吸气慢而深。

4.运动性胸肋痛的处理方法

（1）进行深呼吸，缓慢吐气，调节呼吸节奏。

（2）令患者仰卧或侧卧，通过按摩辅助其恢复。

（3）疼痛消除后，可进行缓慢活动。

（二）运动性腹痛

1.发生原因

（1）体能训练不科学。

（2）训练前准备活动不充分。

（3）训练时间超过可承受范围。

（4）训练强度超过身体的承受水平。

（5）身体状态不佳，伤病复发。

（6）缺乏营养。

2. 运动性腹痛的症状

（1）一般性训练时，隐约感觉到腹痛。

（2）随着训练强度加大，腹痛明显加剧。

（3）停止训练后，腹痛有所减轻。

3. 运动性腹痛的预防

（1）体能训练前，应做好准备活动，训练时应把控节奏，不宜突然增加运动强度，训练、放松要结合。

（2）要制订科学、合理的训练计划，注重个体差异，逐步加大训练量和训练强度。

（3）营养要均衡，要合理搭配膳食，饱腹时不进行大负荷训练，要及时补充水分，注意休息。

（4）身体有伤病未愈时，不做大负荷体能训练，避免因运动量过大造成病情加重。

4. 运动性腹痛的处理方法

（1）立刻停止体能训练，如果疼痛不太剧烈，则可通过慢走、慢跑或放松活动消除症状。

（2）也可反复进行深呼吸，平静心态，直到疼痛消失。

（3）如曾经就医，可服用医嘱中的止痛药。

（4）若疼痛仍没有减轻或消除，应及时就医。

（三）运动性贫血

1. 发生原因

（1）剧烈运动引起贫血的原因，主要是红细胞破裂，血红蛋白从红细胞中逸出，并丧失输氧和排出二氧化碳等功能。

（2）运动中大量排汗使体内的铁元素大量排出，而铁是合成血红蛋白的必需成分，若不及时补充，可因缺乏铁元素而引起缺铁性贫血。

2. 运动性贫血的症状

（1）训练时呼吸急促，心律失调。

（2）头痛，头晕，反应速度下降。

（3）面色苍白，舌乳头萎缩，或出现四肢无力。

3. 运动性贫血的预防

（1）加强营养，多摄入含丰富维生素的食物。

（2）体能训练时，不能超越自身的负荷极限。

（3）体能训练后，及时放松、休息。

4. 运动性贫血的处理方法

（1）出现运动性贫血时，应降低训练负荷。

（2）补充维生素，适量服用硫酸亚铁。

（四）肌肉酸痛

1. 发生原因

（1）运动训练动作过大造成肌肉、结缔组织的细微损伤。

（2）长时间体能训练引起肌纤维痉挛而导致肌肉酸痛。

2. 肌肉酸痛的症状

（1）在体能训练中，肌肉乏力并伴随疼痛感。

（2）体能训练结束后，肌肉产生疼痛感。

3. 肌肉酸痛的预防

（1）在体能训练前，充分进行准备活动。

（2）根据运动员和训练项目的不同特点，科学、合理地制订体能训练计划。

（3）在体能训练中，要训练、放松结合，避免高负荷训练引发的局部肌肉酸痛。

4. 肌肉酸痛的处理方法

（1）当训练引起肌肉酸痛时，可选择按摩、针灸、拔罐等传统保健康复方法进行治疗。

（2）可选择热敷、热照射等方法来加速患处血液流动，缓解疼痛感。

（3）对肌肉酸痛处采用磁疗、理疗，促进酸痛部位恢复。

（4）合理地补充多种维生素和矿物质，加速受损组织的修复，促进身体恢复到正常状态。

（五）情绪紧张

1. 发生原因

（1）心理素质较差。

（2）训练时身体状态不佳。

（3）旧伤没有痊愈。

（4）患有先天性疾病。

2. 情绪紧张的症状

（1）头晕目眩，体虚无力，四肢颤抖，身体冒汗。

（2）心跳超速，血压忽高忽低。

（3）嘴唇发紫，胸部疼痛，眩晕。

3. 情绪紧张的预防

（1）加强身体锻炼，保持乐观情绪，心胸宽广，充满自信。

（2）出现伤病，应立即中断体能训练，保持良好的心态，积极恢复。

（3）教练员应做好体能训练的准备工作，对运动员身心应该提早检查，掌握运动员的健康状况，做到心中有数。

4. 情绪紧张的处理方法

（1）运动员情绪紧张的症状较轻时，应立刻停止训练，可在安静、通风、凉爽处静坐或平躺休息，放松心情，使症状减轻。

（2）当运动员头晕时，应平躺休息，注意空气流通，也可以饮少量温水或糖水以促进恢复。

（3）当运动员出现心律不齐等症状时，应立即对其采取急救措施，并且在第一时间将其送到医院治疗。

（六）低血糖症

1. 发生原因

（1）体能训练过程中糖原消耗过大，没有及时补充，血糖偏低。

（2）体能训练时间过长，负荷过大，导致体内血糖消耗过多。

（3）人体内代谢功能失调，引起糖代谢功能紊乱，胰岛素分泌失衡。

2. 低血糖症的症状

（1）面色苍白，四肢无力，身体颤抖，饥饿感增强，伴有头晕症状。

（2）视力模糊，发音不清，呼吸困难，心律不齐。

（3）出现昏迷。

3. 低血糖症的预防

（1）体能训练前应合理地补糖。

（2）当出现低血糖症状时，停止高强度、长时间的训练。

（3）训练后，应及时补充水分和糖，加快体能恢复。

4. 低血糖症的处理方法

（1）运动员症状较轻时，应仰卧休息，可以口服温糖水或含糖饮料以促进症状消除。

（2）运动员症状较重或出现昏迷时，教练员应马上请专业医护人员处理。医护人员一般会采用静脉注射葡萄糖的方法来消除症状。

（七）中暑

1. 发生原因

（1）训练环境温度过高。

（2）大负荷训练导致身体缺水。

（3）体能差或旧病未愈。

2. 中暑的症状

（1）头晕，乏力，体温上升，呼吸不畅。

（2）严重者出现心律不齐、抽搐，甚至晕厥。

3. 中暑预防

（1）适量饮用低糖、低盐饮料，保持通风。

（2）避开高温时段训练，合理安排训练负荷。

（3）户外训练时，应做好防范措施，避免中暑。

4. 中暑的处理方法

（1）体感温度过高、身体不适时，应到通风、凉爽的环境中休息，或饮用常温饮料，待恢复后再进行训练。

（2）症状严重者，应立即到阴凉、通风处平躺休息，如果出现痉挛，应按摩痉挛处，使用非处方药物促进恢复。

（3）中暑者昏迷时，施救者应用力按中暑者的人中穴，轻按其太阳穴、涌泉穴进行简单急救，然后将其送医院治疗。

（八）休克

1. 发生原因

（1）训练量或训练强度过大。

（2）身体状况不佳。

（3）发生剧烈疼痛。

2. 休克的症状

（1）休克早期，表现为紧张、呼吸急促、脉搏加快、烦躁不安。

（2）休克中期，表现为面色苍白、四肢冰冷、头晕、冒冷汗、脉速降低、血压和体温下降等。

（3）休克晚期会出现昏迷。

3. 休克的处理方法

（1）让休克者平躺，保持周围环境安静，注意为其保暖。

（2）针刺或按压休克者的人中穴。

（3）如果休克者因剧痛导致休克，施救者应立即对其使用镇痛剂。

（4）急救后，应立刻将休克者送医院治疗。

（九）昏厥

1. 发生原因

（1）长时间下蹲，突然站起，使脑部暂时性缺血，引起昏厥。

（2）剧烈运动后突然停止，脑供血急剧减少而造成晕厥。

2. 昏厥的症状

（1）脸色苍白，全身无力，眩晕。

（2）随后失去意识，昏厥倒地。

（3）倒地后，脸色发青，冒冷汗，心跳减弱，血压降低，呼吸微弱。

3. 昏厥的预防

（1）当出现类似昏厥症状时，应停止训练，进行休息。

（2）长时间下蹲后，不要突然站起。

（3）剧烈运动后，不能立刻停止，应做一些整理活动。

4. 昏厥的处理方法

（1）将昏厥者缓慢移到阴凉、通风处，让其平躺休息。

（2）昏厥者昏厥时间较长时，应用指甲掐其人中穴将其唤醒。

（3）按摩昏厥者的头部、颈部及腿部，加快其血液循环速度。

（4）紧急处理后，将昏厥者及时送医院治疗。

参考文献

［1］张英波．现代体能训练方法［M］．北京：北京体育大学出版社，2006．

［2］王向宏．体能训练理论与方法［M］．北京：北京航空航天大学出版社，2010．

［3］国家体育总局职业技能鉴定指导中心．健身教练［M］．北京：高等教育出版社，2019．

［4］李世昌．运动解剖学［M］．北京：高等教育出版社，2015．

［5］谭成清，李艳翎．体能训练［M］．长沙：湖南师范大学出版社，2012．

［6］胡庆华，李建平，卢永森．高校球类运动体能训练的理论与实践［M］．长春：吉林大学出版社，2011．

［7］田建强，姜晓峰，诺日布斯仁．高校球类科学健身新理念与学练研究［M］．北京：中国时代经济出版社，2013．

［8］李铎．食品营养学［M］．北京：化学工业出版社，2011．

［9］王保成，王川．球类运动员体能训练理论与方法［M］．北京：北京体育大学出版社，2005．

［10］刘耀荣，诸志南，张建丰．现代体能训练理论与方法［M］．长春：吉林大学出版社，2012．

［11］孟国荣，张华，李士荣．基础体能训练方法解析［M］．哈尔滨：哈尔滨地图出版社，2009．

［12］冯磊．基础营养学［M］．杭州：浙江大学出版社，2005．

［13］吴东明，王健．体能训练［M］．北京：高等教育出版社，2006．

［14］于少勇，赵志明，刘峰．基础体能训练［M］．北京：原子能出版社，2008．

［15］杨世勇，唐照华，李遵，等．体能训练学［M］．成都：四川科学技术出版社，2001．

［16］邓树勋，王健，乔德才．运动生理学［M］．北京：高等教育出版社，2005．

［17］王博文，李晓波，包格日乐图．现代体能训练科学理论研究与实用指导［M］．长春：吉林大学出版社，2014．

［18］邓泽元．食品营养学（第四版）［M］．北京：中国农业出版社，2016．

［19］陈杰，任爽，朱敬生．运动伤病的预防与康复治疗［M］．北京：中国纺织出版社，2018．

［20］顾晓松．人体解剖学（第三版）［M］．北京：科学出版社，2011．

［21］陈小平．力量训练的发展动向与趋势［J］．体育科学，2004，24（9）：36-40．

［22］王卫星，韩春远．实用体能训练指南［M］．汕头：汕头大学出版社，2017．

［23］孙文新．现代体能训练 平衡球训练方法［M］．北京：北京体育大学出版社，2011．